当公主遇上王子

筑爱行动·让爱无碍

【筑爱行动】

是"爱"、"关系"和"沟通"的加油站。
在这里，我们一起学会拥有
高质量的沟通和亲密关系，"让爱无碍"。

爱，让我们发现不同以往的自己：
会撒娇，会拥抱，会微笑……

爱，让我们"邂逅"似曾相识的"朋友"：
占有、妒忌、猜疑、害怕、防卫、争吵……

爱，也让我们的情绪从喜悦的高峰跌入孤寂的谷底，
从全然包容到剑拔弩张，
从满怀期盼到怅然落空，
从完全拥有到冰冷疏离……

"爱"有快乐、甜蜜、满足，也有焦虑、伤害和冒险。
尽管如此，"爱"仍旧是一场值得冒险的生命旅程。
很多时候，"爱"不是消失不见，只是被困住了！

有时候，我们背对背，
横亘在我们之间，
仿佛一座冰山……

直到有一天，我们累了，
发现彼此再也不是
原先认识的那个人……

有时候，我们会拔河，为一件小事
彼此展开拉锯战，谁也不让谁……

有时候，我们跳恰恰，
你前进，我后退，
但更多时候我们互相踩脚……

有时候，
我们大声吼叫，
再也听不见，
对方的话语……

筑 爱

期待中的家

邱慧辉 著

四川大学出版社

责任编辑：王　玮
责任校对：杨　果
封面设计：邓　涛
责任印制：王　炜

图书在版编目(CIP)数据

筑爱：期待中的家 / 邱慧辉著. —成都：四川大
学出版社，2016.8
（婚姻家庭系列）
ISBN 978－7－5614－9833－0

Ⅰ.①筑… Ⅱ.①邱… Ⅲ.①婚姻－通俗读物
Ⅳ.①C913.13-49

中国版本图书馆 CIP 数据核字（2016）第 210527 号

书名	筑爱——期待中的家
	Zhu Ai—Qidai zhong de Jia

著　者	邱慧辉
出　版	四川大学出版社
地　址	成都市一环路南一段 24 号 (610065)
发　行	四川大学出版社
书　号	ISBN 978－7－5614－9833－0
印　刷	深圳市希望印务有限公司
成品尺寸	170 mm×230 mm
印　张	8
字　数	109 千字
版　次	2016 年 10 月第 1 版
印　次	2016 年 10 月第 1 次印刷
印　数	0 001～6 000 册
定　价	32.00 元

◆读者邮购本书，请与本社发行科联系。
　电话:(028)85408408/(028)85401670/
　(028)85408023　邮政编码:610065
◆本社图书如有印装质量问题,请
　寄回出版社调换。
◆网址:http://www.scupress.net

序

小时候：没有国，哪有家？

年过耳顺：没有健全的家，社会就不易有身心健全的公民。如果一个国家的家庭组织与文化遭到破坏，那么这个国家将积弱不振。

在英国伦敦闻名世界的威斯敏斯特大教堂地下室的墓碑林中，有一块名扬世界的墓碑。墓碑上没有逝者的姓名、生卒年月，也没有任何有关碑文的介绍。但许多世界名流都要亲自来拜谒这块普通的墓碑，并将碑文谨记于心。这块墓碑上刻着这样的墓志铭：

当我年轻的时候，我梦想改变这个世界！

当我成熟以后，我发现我不能改变这个世界，我将目光缩短了些，决定只改变我的国家！

当我进入暮年后，我发现我不能改变我的国家，我的最后愿望仅仅是改变一下我的家庭！但是，这也不可能！

当我躺在床上，行将就木时，我突然意识到：如果一开始我仅仅去改变我自己，然后作为一个榜样，我可能改变我的家庭；在家人的帮助和鼓励下，我可能为国家做一些事情。然后谁知道呢？我甚至可能改变这个世界！

其实我国的古籍《礼记·大学篇》也有如下名言：

"古之欲明明德于天下者，先治其国；欲治其国者，先齐其家；欲齐其家者，先修其身；欲修其身者，先正其心；欲正其心者，先诚其意；欲诚其意者，先致其知；致知在格物。物格而后知至，知至而后意诚，意诚而后心正，心正而后身修，身修而后家齐，家齐而后国治，国治而后天下平。自天子以至于庶人，壹是皆以修身为本。其本乱而末治者，否矣；其所厚者薄，而其所薄者厚，未之有也。"

可见没有健全的家，就不会有强盛之国，国不强盛天下岂能太平？而这一切源自一个人的格物、致知、正心、诚意与修身！

本书作者一生致力维护家庭的健全发展，将心理与家庭相关的学理融会贯通，在书中非常有条理地陈述，期盼帮助读者自助助人！

我成长的过程，没人教我如何为人夫、为人父，如何有效益地经营一个家；在社会经济快速变化、道德伦理多元发展的现代社会，幸好我的父母给了我一生的榜样，让我得以及格。

读完这本书，我真的要说，本书的读者有福了！因为作者为我们读这么多有关心理与家庭相关的书籍，并用心汇整解说，希望我们成为小区筑爱、传爱、让爱无碍的自助助人天使，有能力维护家庭的健全发展；怎能不为此欢欣雀跃！

台湾家庭暨小区展望协会前理事长

台湾沟通分析协会常务理事

成　亮

目 录

为什么筑爱？

　　想筑爱，是看到很多人在失望、怨怼的婚姻中生活。这样的婚姻，有人觉得食之无味，弃之可惜；有人干脆选择结束，想要重新开始找寻不会让他失望的人；有人愤怒地要讨回他所期待的婚姻。虽然在这些人的行为中看不到爱，但却可以强烈地感知到他们对爱的渴求。到底是什么原因让原本充满爱的结合，不只蒙尘、产生裂痕，甚至成为砸伤自己的绊脚石？

　　如果一个人结婚前就知道结婚后的结局是冰冷的婚姻关系，最后以伤害或离婚收场，他还会进入婚姻吗？我想大部分人都会摇头。所以，这样的结局对大部分人而言，应该是避之唯恐不及。然而，不可讳言，很多人的婚姻正在这样的困境中，找不到出路！

　　"筑爱"就是要在这当中找到一条出路。这是一条引领每个渴求爱的人得到他所想要的幸福生活的道路。如果你渴望得到你期待的爱，就请一起来参与我们的"筑爱"之旅！

1 单元一

我 期 待 的 家

　　如果有机会让你说出你对家的期待，你会说些什么？公主与王子结婚，那是多么幸福的一对啊！进入婚姻后，应该说多数人都曾经体验过从美丽的憧憬到经历现实考验的过程。这当中有的人梦碎了，又重新奋力让美梦成真，有的人却跌入深渊！

　　你呢？你在哪里？你是否好奇为何有些人可以让梦想成真，有些人的生活却支离破碎？请与我们一起来一窥究竟。

一、我期待的家

　　每个人对家都有一定的期待，你对家的期待是什么？是避风港？是放松、温暖、支持、有爱的地方？如果问不同的人"你觉得结婚好不好"，不同婚龄的人会给出不一样的答案。在婚前，可能会认为家当然是一个温暖、互相支持和充满爱的地方。因此，我们充满期待地进入婚姻的殿堂。但是，进入婚姻殿堂之后，有些人可以过幸福快乐的日子，有些人却没办法。为什么？

　　因此，我们应该思考，怎么做才能让家幸福美满呢？婚姻是由一夫一妻所组成的，这个"1+1"的答案一定"等于2"吗？你所期待的婚姻结果是什么？

家庭公式

1+1=？

幻想以外——真实

家人关系的特性

1. 高投入
2. 高期待
3. 高密度
4. 高复杂度

人人都期待有个美满幸福的家庭。然而，我们对家的期待与现实有很大的差距，既有爱，也有冲突。家庭冲突的产生是因为家人关系具有高投入、高期待、高密度、高复杂度的特性。

高投入。没有一段关系像家人关系一样投入那么多。女生结婚后付出她的青春为丈夫煮饭、洗衣、照顾小孩、打理家务等。投入多不多？当然多！而丈夫也一样，结婚之后，赚了钱要拿回家，照顾妻子、小孩，出差还需要与妻子协商看看妻子准不准，丈夫也觉得自己为这个家付出很多。

高期待。高投入自然会带来高期待，因为自己非常在意，所以会投入很多心力想经营好这段关系。然而，高期待容易带来失望。

高密度。没有哪种关系像家人关系那么紧密。每天起床就看到对方，有时候一早起来彼此就有了意见冲突，到晚上心里还有气，但又要煮饭给他吃。这时心里就开始交战了：到底是要煮还是不要煮？盐要不要多放一些？丈夫回来看到妻子要用什么脸色对待她？是假装没事，还是转头就回房间去？这么高的密度，有时候心情还没调整好，又得面对下一个互动。

高复杂度。家人的关系是非常复杂的，每个人都兼具多重角色，每个角色都有自己的责任，在家里要处理财务、家务、小孩的教养与照顾，还要处理姻亲或朋友圈的关系……这么复杂的角色集于一身，自然容易产生冲突。

认识家庭冲突的真面貌，不是要鼓励冲突，而是要更合理地看到家庭的真实面貌。了解家庭的真实面貌，接纳这些负面困境，愿意从幻想中走出来，调整自己的期望，接纳真实，也接纳自己与他人的不完美，我们才能有合理的期待，避免不必要的失望。

家是最好的生命学习场所，让我们学习如何从不完美中跨越，自由地享受真实的生活，进而创造美好的人生。

我们对婚姻都怀有憧憬，但是，这些憧憬常常是非常梦幻的。与其抓住气球，飘浮在空中假装欣赏美景，心里却时刻担心气球破了，倒不如认清气球无法承载自己美梦的现实。婚姻有高山，有低谷。爱不只有甜蜜的元素，也会有伤心、难过，会让自己受伤。我们同行，不是因为我们完美，而是因为我们愿意共同陪伴，在人生的高山低谷中同行。愿意谦卑地认清自己的不完美，愿意温柔地接纳对方的不完美，我们就能体会谦卑与温柔所带来的丰盛与祝福。

虽然天天生活在一起，但深入相处之后，我们会惊讶地发现，我们仍有很大的差异。差异会带来新鲜感与乐趣。但是差异也可能带来冲突。当差异导致冲突时，我们该如何面对呢？首先要认清家庭的真实面貌，其次不要停留在冲突中，应给予家庭合理的期待，学习接纳、包容与面对，更重要的是应持续地付出爱。

家庭关系的基础
家庭（Jack & Judith,1999）

委身程度
（彼此相爱）

起始盟约

亲密程度 ——→ **幸福美满的家** ——→ 恩典程度
（彼此了解）　　　　　　　　　　　　　　（彼此宽恕）

赋能的程度
（彼此扶持）

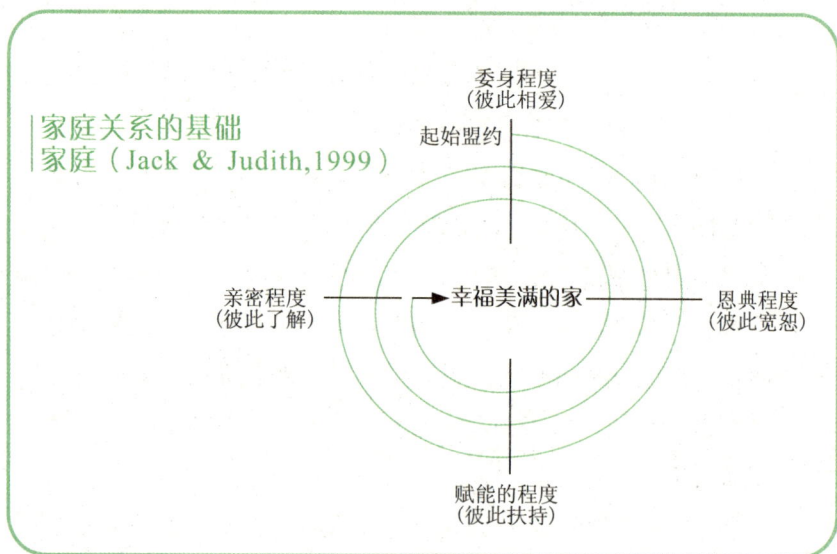

　　我们对婚姻有许多美好的憧憬。新郎、新娘在婚礼中得到许多美好的祝福，就误以为事情就这样完成了，却不知道婚礼只是序幕，并非幸福快乐的结局。回想一下自己的婚姻生活，你可以思考一下，如果要过上幸福快乐的日子，需要做哪些事呢？

　　幸福快乐的日子是在彼此有了"共同建立美满幸福"的约定之后持续努力去达成的。这些努力需要在下面四个方面，不断用心经营，深化彼此的情感才有可能达成。

　　★ 彼此相爱：愿意主动去关心、爱对方，满足对方的需要。同时也要学习如何正面响应和接受对方的爱。

　　★ 彼此了解：只有了解他才能给予他想要的；同样，让他了解我，他才知道要如何满足我。互相了解是建立关系的基础，因此，要建立幸福快乐的生活，需要彼此了解。

　　★ 彼此宽恕：我们带着期待看对方，很容易觉得对方亏欠自己。这里所指的宽恕，不单单在对方做错时，还包含对方让你失望时愿意放下，选择宽恕。

★ 彼此扶持：一份关系的宝贵在于它让自我成长，得到肯定，在关系中相互支持、互相提醒指正，两人共同成长，让"1+1>2"。

幸福快乐的婚姻始于婚礼的盟约，从婚礼揭开家的序幕到拥有幸福美满的家，在这个过程中我们需要学习去爱，去了解，去宽恕，彼此扶持，将愿望和知识化为持续的行动。然后是不断深化了解彼此，相爱，相扶持，彼此宽恕，最后才能够进入幸福快乐的成熟盟约。如果这样，永远幸福快乐，就有可能了！

二、幸福快乐的基石

晓鹃正处于婚姻的冲突与挣扎中，经过一段长时间的波折后，她说原以为只要两个人相爱就好了，一切事情都会顺理成章按照我们的理想发展。没有想到跳双人舞也会踩到脚！当我接纳会踩到脚的事实后，却又发现双人舞被其他人打扰，原来的双人舞变成了土风舞！

我不想跳土风舞，因为不够优雅、浪漫，但是我自己却无法完全做主！唉！原来婚姻是这么回事！我反复思考：我是要坚持跳双人舞，用我优雅的冷漠将其他人排除在外呢，还是要融入土风舞和大家一起欢乐呢？

原来，人一旦进入关系后，就不是一个人能决定的了！

在家人关系建构的砖块中你可以放进什么东西呢？在我的经验中，很多人都认为爱是根基，一旦不爱了呢？爱是一种感受，会因环境、心境而有很大的变化。在现代婚姻中，彼此会发现婚前很爱对方，但是婚后爱越来越少，甚至不见了！

爱是根基，是情感的表达，人的情感是会发生变化的。然而，家庭的根基应该稳固不变。承诺是一个心智成熟的人的理性与责任的决定与担当。所以，我们更强调将承诺作为家庭的根基。我们也可以回想一下自己当初结婚时的誓言。

在教会的婚礼中，牧师通常会邀请新郎、新娘念一段婚姻的誓言"我某某某愿意嫁/娶某某某某，作为我的丈夫/妻子，从今时直到永远，无论顺境或是逆境、富裕或贫穷、健康或疾病、快乐或忧愁，我将永远爱着您，珍惜您，对您忠实，直到永永远远。"这一段誓言就是对这份关系的承诺。这个承诺是"我决定要去爱！"——用我的时间、生命与心力来承担与接受这份责任，去爱我许下承诺的这个人。

芬兰差会家庭事工中心设计了这个关于家人关系的积木。它除将承诺作为建构家庭的根基外，每一个积木的层次与位置都有它特定的意义。以"承诺"为家人关系的根基，往上建构家人关系很重要的元素是"情感"，人是情感动物，有正向与负向情感。在关系中正向的情感会带来"亲密"关系，亲密包含心灵的交流、身体的接触、夫妻

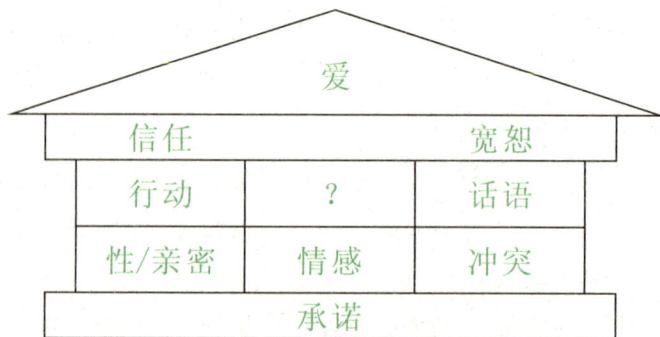

家人关系的建构

爱		
信任		宽恕
行动	?	话语
性/亲密	情感	冲突
承诺		

间的性等。正向的亲密要往上建构就需要有实际的"行动"。没有表达的爱，别人难以体会，所以要建立良好的亲密感需要行动，才能往上建立关系中的"信任"。负向的情感交流会带来"冲突"，冲突包含潜藏在差异中的暗流，也包含外显的冲突。当冲突发生时，要让关系往上提升需要"话语"来澄清彼此的差异与分歧。理解彼此间的差异与分歧后，需要"宽恕"来放下引发失望的纷纷扰扰，进而让关系可以得到正向的成长。前面提到的每一个家庭元素都很重要，有时需要一定的规则如用话语来化解冲突，用行动来强化亲密感，这些都是让家人关系更深化的重要元素。然而，要拥有幸福美满的家，"爱"是不可或缺的。爱虽不适合作为家人关系的根基，却是家人关系中不可缺少的元素，少了它就像房子少了屋顶，是一个未完成品，少了它，家就无法遮风避雨。爱能接纳差异，滋养人心，让家人的关系更紧密。

家庭是不断成长与变化的。从家庭发展历程来看，家庭所需面对的压力就更能够理解为何拥有幸福美满的家庭生活需要以"承诺"为根基。每个人的成长过程都会经历不同的发展阶段，一个孩子3岁时与13岁时所要学习的东西与要面对的问题有很大的不同。同样，家庭组成时间的变化、家庭成员的加入或离开、年龄的不同等因素都会让家庭随着时间产生变化。因此，每个家庭在不同的阶段也有不同的发展任务。

★ 未分离的成人：发展个人的生涯，从恋爱中学习建立亲密关系。

★ 新婚期：彼此适应不同的生活习惯，学习沟通，解决冲突。

★ 育儿期：除夫妻的角色外另增加父母亲的角色，学习照顾新生儿，承担照顾小孩的责任，管教子女，协调家务分工。

★ 有青少年孩子期：父母要明白孩子有不同的发展阶段，建立家庭规则，家人应沟通协调，建立同甘共苦的情谊。

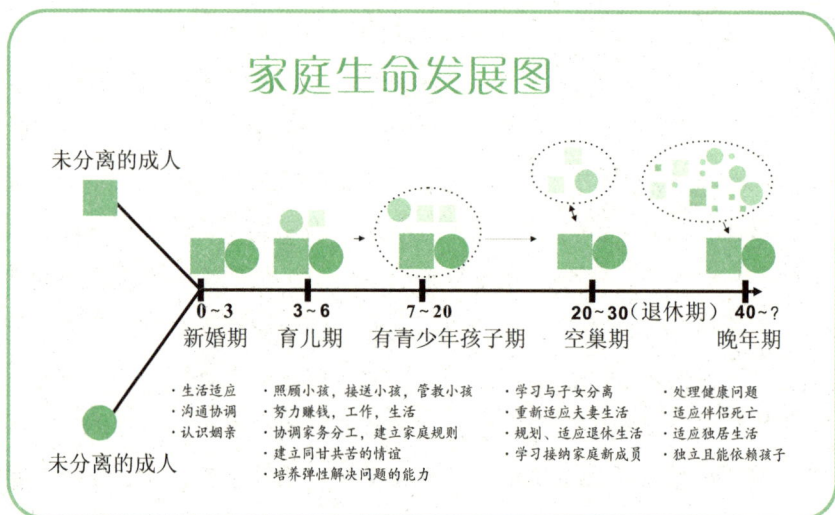

家庭生命发展图

未分离的成人

	0~3	3~6	7~20	20~30（退休期）	40~?
	新婚期	育儿期	有青少年孩子期	空巢期	晚年期

未分离的成人

· 生活适应
· 沟通协调
· 认识姻亲

· 照顾小孩，接送小孩，管教小孩
· 努力赚钱，工作，生活
· 协调家务分工，建立家庭规则
· 建立同甘共苦的情谊
· 培养弹性解决问题的能力

· 学习与子女分离
· 重新适应夫妻生活
· 规划、适应退休生活
· 学习接纳家庭新成员

· 处理健康问题
· 适应伴侣死亡
· 适应独居生活
· 独立且能依赖孩子

★ 空巢期：子女离家，重新适应夫妻生活，规划退休生活。

★ 晚年期：接纳家庭新成员，适应退休生活，面临健康问题，学习适应新的家庭角色，放下权威，独立且能依赖子女。

每一个发展阶段都有特定的任务需要面对，前一阶段如发挥健康的功能，就能帮助下一个阶段的适应力变强。然而，当家庭所处的发展阶段功能不佳，无法有效地完成该阶段的任务时，该阶段的困难会延伸且可能影响下一个发展阶段。例如：新婚期夫妻争吵不休，当家庭发展阶段进入育儿期，需要更多的照顾责任、沟通协调、经济负担时，家庭会陷入夫妻关系不良，养育小孩能力不足等多重困境。另外，每个家庭在不同的发展阶段有它的任务也有它的压力。当两个或三个阶段的压力同时出现时，压力会叠加在一起。每个人承受与因应压力的能力是有限的，这些压力可能会因为过于沉重而导致家庭关系面临危机。例如：现代社会性观念开放，很多夫妻奉子成结婚，这样他们的新婚期与育儿期可能同时挤在同一个时间点上，因此他们不但要面对夫妻间的适应、沟通协调，适应姻亲，还要承担照顾新生儿的责任。人的生理在不断成熟，但阶段的发展任务却无法完成，阶段发展任务一旦赶不上生理的阶段，就会产生许多困顿与烦恼，让其他家人一起受累。

在我们的生命历程中，我们在不同的时间点担任着不同的角色，前一个角色与责任还没有卸下，下一个角色与责任又加了进来。我们经常同时扮演多重角色：既要照顾自己和家人，又要面对工作、周遭的人和事以及社会变化带来的压力。如果反思一下自己所担任的角色，你会惊讶：扮演这么多的角色还能保持生活的平衡，自己真的很不简单！

安静想想！这些重担之下也有许多甜蜜与感恩，因为一路走来有家人相伴。你可能很难想象，如果这么重的担子一个人孤零零地承担，那是何等沉重啊！家庭的发展任务让我们看到成长是挑战，是有压力的，不管愿不愿意我们都得面对。当有了心智成熟的承诺，我们就能勇于面对挑战，承担责任。这些重担就转化为祝福。让我们在这个过程中学习与家人一起经历冲突，化解冲突，学习宽恕，学习接纳，学习去爱，学习建立正向的互动，让我们彼此的生命更成熟、更完美。我们在这艰苦的历程中坚持并面对这一切，最后才会得到丰收的果实。

因此，我们需要接受一个事实，那就是压力随时都在！要让生活过得自在，就得学习如何与压力共处，学习如何掌控压力。

当家庭有小冲突发生时，我们不要逃离冲突，而是要建设性地解决冲突。当家庭发生小冲突时，我们有能力解决，让生活回归原来的轨道，我们就会发展出解决冲突的韧力。韧力是指弹性因应压力的能力。当家庭面对大一点的压力事件时，我们基于原来的韧力会想出更多有效的解决方法，有更大的力量处理这类压力事件，走出困境，让生活回归正轨，发展出更强的韧力来面对以后突如其来的危机。因此，当家庭面临更大的压力事件时，我们更需要懂得如何与压力共

家庭韧力

家庭冲突

家庭压力

家庭危机

家庭韧力

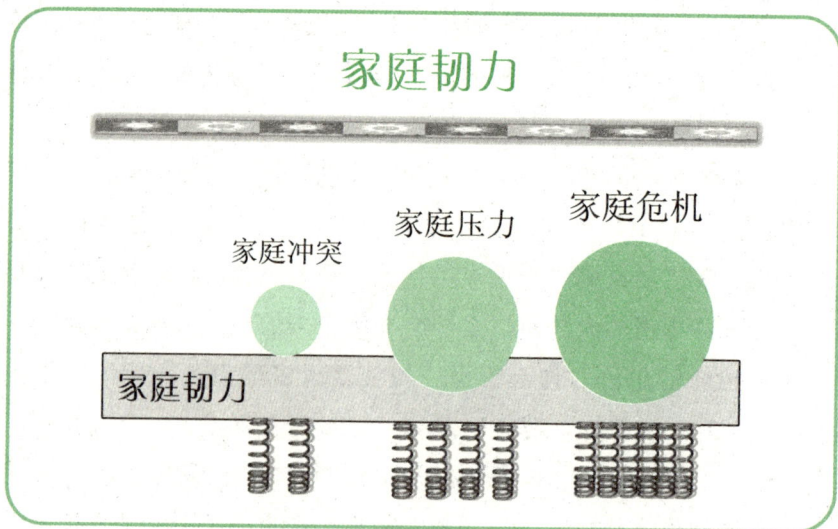

处，掌控由压力而发展出的生命的韧力。

危机也是转机！在人的一生中，我们经常要面对变化，这些变化隐藏着生活的危机。有人以为家庭平静安稳就是功能良好，其实一个家庭是否健康包含更多的因素。近年来很多人都好奇，身处同样的困境为何有人出类拔萃，有人却自暴自弃？家庭韧力成了许多人有兴趣去探讨的议题。原来有困难发生不一定必然产生不好的结果。如果这个家庭可以从困难中学习用正向的展望面对，发展出好的沟通与团队的能力，那么困难反倒可以发酵成生命的养分。当我们拥有足够的韧力时，我们就不再逃避或害怕生活中的变化，而是勇敢地迎接挑战，让自己的人生与家庭更自由地成长。

单元重点摘要

一、家庭冲突的产生是因为家人关系具有高投入、高期待、高密度与高复杂度的特性。

二、认识家庭冲突的真面貌，接纳家庭确实有负面困境的事实，愿意从幻想中走出来，调整自己的期望，接纳真实，也接纳自己与他人的不完美，我们才能有合理的期待，让家成为最好的生命学习场所。

三、幸福快乐的日子是在彼此有了"共同建立美满幸福"的约定之后持续努力去达成的。这些努力包括彼此相爱、彼此了解、彼此宽恕、彼此扶持四个要素。

四、承诺是一个心智成熟的人的理性与责任的决定与担当。这个承诺是"我决定要去爱！"——用我的时间、生命与心力来承担与接受这份责任，去爱我许下承诺的这个人。

五、人是情感动物，情感包含正向与负向。正向的情感会带来亲密关系，亲密往上建构就需要有实际的行动才能建立关系中的信任。负向的情感会带来冲突。当冲突发生时，要让关系往上提升需要话语的沟通与说明，澄清差异与分歧。了解了彼此差异与分歧后，需要宽恕对方放下引发失望的纷纷扰扰，让关系得到正向的成长。

六、每个家庭在不同的阶段有不同的发展任务，每一个发展任务都会带来或多或少的压力。当压力产生时，如果调整得好就会转换为生命的韧力，如果调整不当就可能恶化为危机。

思考花园

♥ 课程目标

1. 反思家庭期待。
2. 思考建构家人良好关系的内涵。
3. 认识幸福美满家庭的构成元素。
4. 认识家庭发展历程中不同阶段的任务。

♥ 前 言

如果有机会让你说出你对家的期待，你会说些什么？

公主与王子结婚，多么幸福啊！进入婚姻后，多数人都经历过从美丽的憧憬到经历现实的考验。有的人梦碎了，但重新奋力让美梦成真，有的人却跌入深渊！你呢？你在哪里？你好奇为何有些人可以让梦想成真，有些人的生活却支离破碎？请与我们一起来一探究竟。

一、我对家庭的期待是什么?

　　每个人对家庭都有一定的期待，你对家庭的期待是什么？是避风港？是放松、温暖、支持、有爱的地方？如果问不同的人"你觉得结婚好不好"，你会发现不同婚龄的人给出的答案不一样。在婚前，可能会认为家当然是一个温暖、支持和充满爱的地方。因此，我们心里充满想象、以很高的期待进入婚姻殿堂。但是，进入婚姻殿堂之后却发现有些人可以过上幸福快乐的日子，有些人却没办法。为什么？

　　那么，怎么做才能让家庭幸福美满呢？婚姻是由一夫一妻所组成的，这个"1+1"的答案一定"等于2"吗？还是，它可能有千变万化的结果？

1+1 ＿＿＿＿＿＿＿＿＿＿＿＿＿＿＿＿＿＿＿＿＿

二、真实的家庭面貌

　　人人都期待拥有一个美满幸福的家庭。然而，家庭在期待与现实中是不同的。家庭的真实面貌是有爱，也有冲突。为何家庭会容易起冲突？因为——

高＿＿＿＿＿＿＿＿＿＿＿＿＿＿＿＿＿＿＿＿＿＿＿＿＿

高＿＿＿＿＿＿＿＿＿＿＿＿＿＿＿＿＿＿＿＿＿＿＿＿＿

高＿＿＿＿＿＿＿＿＿＿＿＿＿＿＿＿＿＿＿＿＿＿＿＿＿

高＿＿＿＿＿＿＿＿＿＿＿＿＿＿＿＿＿＿＿＿＿＿＿＿＿

　　认识家庭冲突的真面貌，接纳家庭确实有负面困境的事实，愿意从幻想中走出来，调整自己的期望，接纳真实，也接纳自己与他人的不完美，才能有合理的期待，避免产生不必要的失望。在这一过程中，我们要接受真实，接纳自己与他人的不完美。

　　家庭是最好的生命学习场所，让我们学习如何跨越不完美，自由地享受真实的生活，进而创造美好的人生。

三、家庭关系的基础

　　婚礼上，我们会得到许多祝福，我们会有着公主与王子结婚后从此过上幸福快乐的日子的期待，甚至会认为结婚就会得到这样的结果。谁知结婚只是开始，只是建构幸福快乐日子的旅程的第一步。

　　回想一下你自己的婚姻生活，你做过哪些事帮助自己建立更幸福美满的婚姻？

＿＿＿＿＿＿＿＿＿＿＿＿＿＿＿＿＿＿＿＿＿＿＿＿＿＿＿＿＿

＿＿＿＿＿＿＿＿＿＿＿＿＿＿＿＿＿＿＿＿＿＿＿＿＿＿＿＿＿

＿＿＿＿＿＿＿＿＿＿＿＿＿＿＿＿＿＿＿＿＿＿＿＿＿＿＿＿＿

＿＿＿＿＿＿＿＿＿＿＿＿＿＿＿＿＿＿＿＿＿＿＿＿＿＿＿＿＿

＿＿＿＿＿＿＿＿＿＿＿＿＿＿＿＿＿＿＿＿＿＿＿＿＿＿＿＿＿

杰克、朱迪思（Jack & Judith，1999）提出了建构成熟健康家庭关系所需要的要素与进展过程的理论。幸福快乐是在彼此有了"共同建立美满幸福"的约定之后持续努力去达成的。这些努力包括下面四个要素：

彼此＿＿＿＿＿＿＿＿＿＿＿＿＿＿＿＿＿＿＿＿＿＿＿＿＿

彼此＿＿＿＿＿＿＿＿＿＿＿＿＿＿＿＿＿＿＿＿＿＿＿＿＿

彼此＿＿＿＿＿＿＿＿＿＿＿＿＿＿＿＿＿＿＿＿＿＿＿＿＿

彼此＿＿＿＿＿＿＿＿＿＿＿＿＿＿＿＿＿＿＿＿＿＿＿＿＿

幸福快乐的婚姻是以婚礼为开始的盟约，从婚礼揭开家庭的序幕到拥有幸福美满的家庭，就是我们需要学习去爱，去了解，去宽恕，彼此扶持，且将愿望和知识转化为持续的行动，力行在家庭中，然后不断深化了解，相爱、相扶持，彼此宽恕，最后才能进入幸福快乐的成熟盟约。如果这样，永远幸福快乐，就有可能了！

思考与活动

我们每个人都有自己期待的家，我们希望家人之间的关系如何？包含哪些要素？现在由你自己来盖房子，你会怎么盖？先找出在建构这个家庭关系中你认为最重要的元素。如果每个砖块都代表一个元素，那么你会将哪种元素放在根基，哪种元素放在屋顶呢？请想一下，然后将每一个重要元素填入下面的家人关系的建构图中，思考一下每个元素所代表的意义。

1. 个人的家庭图像。

填完后，可以说说自己为何会这样盖房子，也听听别人怎么形容自己的房子。

2. 了解家人的家庭图像。

★ 请你的配偶或你重要的家庭成员盖一个他期待的家。

★ 完成后，你们彼此分享自己所期待的家的样子。

★ 找出彼此的共同点与差异点，如果必要，一起画出你们共同期待的家。

家人关系的建构

活动学习

● **圈选出你认为可以构筑幸福家庭的砖块**

爱、承诺、自我认识、责任感、价值观、吸引力、尊重、互动、义务、信念、性、亲密感、信心、争执、真诚、生命观、亲近、自我理想、认同、情感、行动、期待、感觉、信任、宽恕、传统、梦想、习惯、家

● **说明每一个砖块对你的意义**

四、家庭发展任务

　　家庭的发展就像个人的发展一样，有不同的阶段，且每一个阶段都有特定的任务需要完成。从结婚的那一刻开始，夫妻就进入家庭的发展阶段，随着家庭成员的加入与离开，家庭会进入不同的发展阶段，面对不同的发展任务。

　　1. 思考一下，我们在不同的发展阶段会面对哪些任务？

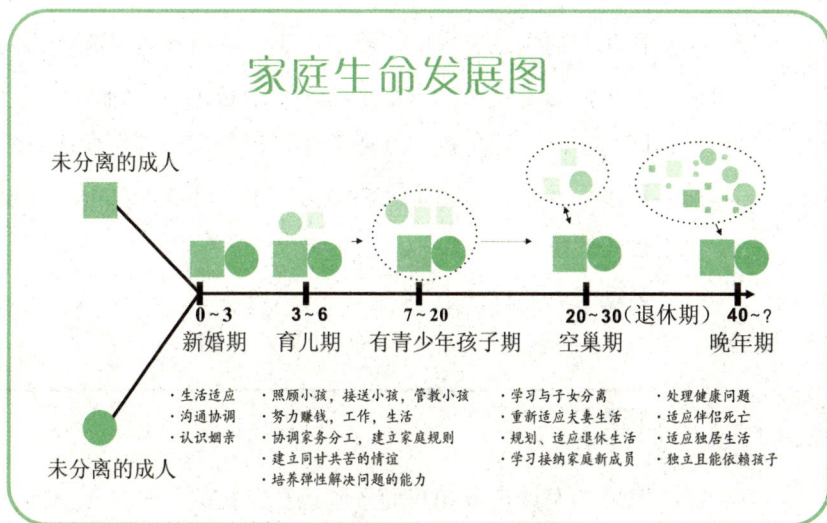

家庭生命发展图

	0~3 新婚期	3~6 育儿期	7~20 有青少年孩子期	20~30（退休期） 空巢期	40~? 晚年期
	·生活适应 ·沟通协调 ·认识姻亲	·照顾小孩，接送小孩，管教小孩 ·努力赚钱，工作，生活 ·协调家务分工，建立家庭规则 ·建立同甘共苦的情谊 ·培养弹性解决问题的能力	·学习与子女分离 ·重新适应夫妻生活 ·规划、适应退休生活 ·学习接纳家庭新成员	·处理健康问题 ·适应伴侣死亡 ·适应独居生活 ·独立且能依赖孩子	

未分离的成人

未分离的成人

★ 未分离的成人：＿＿＿＿＿＿＿＿＿＿＿＿＿＿＿＿＿＿

★ 新婚期：＿＿＿＿＿＿＿＿＿＿＿＿＿＿＿＿＿＿＿＿＿

★ 育儿期：＿＿＿＿＿＿＿＿＿＿＿＿＿＿＿＿＿＿＿＿＿

★ 有青少年孩子期：＿＿＿＿＿＿＿＿＿＿＿＿＿＿＿＿＿

19

★ 空巢期：_____

★ 晚年期：_____

每一个发展阶段都有特定的任务需要完成，前一阶段如发挥健康的功能，就能帮助下一个阶段的适应力变强。然而，当家庭所处的发展阶段功能不佳，无法有效地完成该阶段的任务时，该阶段的困难会延伸且可能影响下一个发展阶段。

五、家庭中的角色

在我们的生命历程中，我们在不同的时间点会担任不同的角色。前一个角色与责任还没有卸下，下一个角色与责任又加了进来，我们经常同时扮演多重角色：既要照顾自己和家人，又要面对工作、周遭的人和事以及社会变化带来的压力。现在让我们安静下来反思一下自己所担任的角色。

活动与思考：

0岁 ————————————————————————→ 90岁

家庭的发展任务让我们看到成长是挑战，是有压力的，不管愿不愿意我们都得面对。当有了心智成熟的承诺，我们就能勇于面对挑战，承担责任。这些重担就转化为了祝福。

六、从小冲突到大危机

每个人在生活中都需要面对随时产生的＿＿＿＿＿＿＿与
＿＿＿＿＿＿＿＿。因此，我们需要接受一个事实，那就是压力
＿＿＿＿＿＿＿＿＿＿！要让生活过得自在，就是学习如何与压力
＿＿＿＿＿＿＿＿，并＿＿＿＿＿＿＿＿＿压力。

当家庭有＿＿＿＿＿发生时，要＿＿＿＿＿＿＿＿＿＿冲突。
当家庭发生小冲突时，我们有能力解决，让生活回归原来的轨道，我
们就会发展出解决冲突的＿＿＿＿＿＿＿。

当家庭面对大一点的压力事件时，就有更大的力量处理这类压力
事件，走出困境，让生活回归正轨，发展出更强的韧力来面对以后突
如其来的危机。

当家庭面临更大的压力事件时，我们更需要懂得如何与压力共
处，掌控由压力而发展出＿＿＿＿＿＿＿＿＿＿。

2

单 元 二

幸福满足的家人关系

　　当你满怀幸福和喜悦进入婚姻，那么，你已经踏上需要不断"付出爱"去经营婚姻的"不归路"了。为什么这么说？因为如果没有甜蜜幸福你一定会失望，有挫折感。然而，在婚姻中没有主动付出与经营，哪来的幸福甜蜜呢？

　　多年的婚姻与家庭的咨询工作给了我一个很深的体会，我发现很多人进入婚姻是想拥有爱，却还没有预备好付出爱，以至于害苦了自己，也害惨了身旁的人。关系的经营需要学习。决定自己愿意爱对方，承诺在困难或冲突时仍愿意努力去维系这份关系，不管多难都回到起初的爱。

　　有人会说："唉！这个承诺好沉重！"但是，如果不这么做，你想要的幸福甜蜜就只会越来越远，最后成了永远无法实现的梦！所以，经营关系也是一个学习与成长的历程。在困难的时候学习去爱与接纳对方，在冲突的时候学习化解冲突宽恕对方，更聪明的做法是在平时多多地在关系的"银行账户"中"存款"，让彼此有美好的分享时间，让彼此能够充分认识和了解对方。

一、关系花园

　　经营关系就像照顾一个花园。不是按照自己的喜好任意地给心爱的花施肥、浇水，而是要了解心爱的花需要多少肥料，多少水分，多少阳光。当我能够给予我心爱的他所需要的，他才可能欢喜地且无负担地接受，在我们的关系中绽放灿烂的笑容。

　　因此，在与家人建立关系的过程中，我们应注意到对方的需要是什么。前面提过家人关系容易产生冲突是因为家庭内高密度的互动隐含着高投入带来的高期待，一旦发生冲突，不舒服的情绪有可能因处理的时间不够，很快又要面对彼此，此时的互动可能延续之前的不舒服情绪。所以，家庭其实也就像是一个学习面对冲突的集训场所，因为没有一个地方像家这样有家人间这么的高密度相处又充满了如此复杂的情况，但也正因如此，家才能够提供足够的情感联结。人生活在世上，如果情感上需要得到足够的肯定与支持，那么就应学习在家人中友好相处；发生冲突时，懂得建设性地解决冲突；当冲突化解后，关系又可以再次紧密联结。这些经验会让个人成长，让家人感受到彼此的扶持，加强彼此的关系联结。

　　经营关系就像经营一个花园，
　　要适当照顾，植物才会绿意盎然，花才会开得灿烂。
　　照顾植物，不是随园丁的心情，随意地给予肥料或水分，
　　而是要花心思，了解植物的需要，提供适合它的水分和肥料。
　　关系也是这样！
　　建立关系不是依自己的好恶，
　　而是应了解对方所要的，
　　给予对方所需的。

　　建立关系是在陪伴的过程中满足对方所需要的。其中有两个很重要的因素。一是陪伴，这需要花时间。夫妻、孩子或家人间经常有时间一起做事，一起互动，一起游玩，甚至一起看电视，这都是很重要的陪伴。二是满足，以对方的评分为基准。也就是说如果你想要建立一个好的关系，你要花时间陪伴对方，那么你需要了解这样的陪伴方式对方是否喜欢，是否满足。

　　关系是陪伴。但要做好陪伴，需要懂得给对方需要的，而不是给对方你自以为对方需要的。我们常见到有些夫妻从个人角度来看都是好人，他们也都可以扮演好爸爸、好妈妈的角色。可是，为什么两人的婚姻却不快乐？为什么？因为他们忽略了对方的需求。很多时候，人都用自己的想法、习惯的方式去对待身旁很重要的人，而忘了了解这是不是对方想要的。

　　那么，我们应该怎么去经营关系呢？经营关系首先要了解自己喜欢什么，不喜欢什么。但是，除了了解认识自己的好恶，还要了解对方。经营关系就是要了解对方的需要，进而满足对方。就像照顾花园，有的植物需要很多阳光，有的植物却会因为阳光太多而枯死；有的需要很多水分，有的水分太多就会烂掉。所以，没有绝对标准的答案，因为每个人都不一样，所需要的方式也不同。当你期待有一个好的关系时，就要去了解和你相处的家人的需要。切记！要经营好关系需要了解自己要什么，也要了解对方要什么，并给予对方他所需要的。

二、关系的元素

　　当我在课堂上问学员"一对夫妻的关系，除了'夫'与'妻'，还有第三个元素，那是什么？"很多人会说"孩子"，或其他。其实，我们经常忽略关系，除了"我"和"你"，还有"我们"！

　　"我们"是关系中很重要的元素。只要我们进入一段关系，就不可以忽略掉"我们"这个元素。因为我们不能够再唯我独尊，也不能以对方的关系为主体，而是在"我"这个主体和"你"这个主体中，架起一座联结彼此的桥梁，那就是"我们"。有些人进入婚姻后忘了搭建彼此间的桥梁，结果就是"两个好人却没有好婚姻"。因此要建立好关系，除了我跟你，还有我们！只有我很好，你很好，两人会有交集吗？不会！关系的联结在于我愿意为你做你喜欢的事，你愿意为我做我喜欢的事，这样关系才会建立。

　　很多人以为谈恋爱就是找到符合自己期待的对象，其实那只是其中一个元素。当一个人只想去找符合自己期待的对象，那么，他可能还不够成熟，一个真正成熟且预备好谈恋爱的人是一个懂得付出爱的人。他不单了解自己的喜恶，还能够了解对方的需要，愿意尽可能排除困难，满足彼此的需要。所以，再说一遍！真正预备好谈恋爱的人是指自己已经预备好要付出爱的人！很多时候我们想谈恋爱是因为想得到爱而不是付出爱。愿意付出爱，才是谈恋爱的基础。付出爱是我愿意用他的方法去爱他，我愿意了解他想要什么。

　　刚出生的小婴儿需要母亲的关爱与照顾。妈妈将小婴儿抱在怀中，喂他吃奶，安抚他，小婴儿就会觉得安全与满足。安抚是人的基本需求之一，人是需要通过互动寻求安抚的。安抚对一个人的人格发展具有非常重要的意义。一个人通过安抚的经验来建立自己的价值感和对他人的信任度，进而形成人格特质。慢慢地，小婴儿长大了，念小学时，不再让妈妈喂他吃饭，哄他睡觉了。有可能，只是在偶然的机会下，愿意让妈妈抱一下。到了青少年时期，他可能就拒绝让妈妈抱了！青少年拒绝妈妈抱他，是因为他长大就不需要安抚了吗？当然不是！

小时候我们通过拥抱得到安抚，长大之后就不会再被妈妈抱在怀中来寻求安抚了，而是从关系的邀请与回应中获得安抚。所以，长大后，虽然不能让妈妈抱在怀中，但可以通过妈妈的陪伴、肯定或鼓励来得到妈妈的安抚，我们习惯将这样的安抚称为爱或关爱。我们不习惯像西方人那样以肢体接触的方式表达关爱，我们习惯用关爱的眼神、鼓励的言语或帮他做事等方式来表达我们的爱。

三、建立爱的关系

（一）爱的动机

人通过接触交流情感，得到安抚，获得爱。然而，从人自私的本性来看，我们容易看到自己的需要，也容易更多聚焦在自己是否得到满足，有时候会忘记接触，忘记对方的需求。人虽然需要建立关系来满足自己，但是往往不知道如何建立一个"满足的关系"。所以，大部分人都有建立关系的动机，却往往缺乏建立关系的能力与智慧。身处关系中，如果只聚焦于自己期待的满足上，而忽略了在这份关系中的对方也需要得到满足，就会磨损彼此的关系。在生活中，常常看到一些人有强烈爱的动机，却将爱的动机深埋在自己的内心，没有爱的行动与展现。当家人抱怨时，他又很生气，认为对方不懂他的心。这

建立关系需要——

人通过接触
来得到爱

爱的智慧

爱的能力

爱的动机

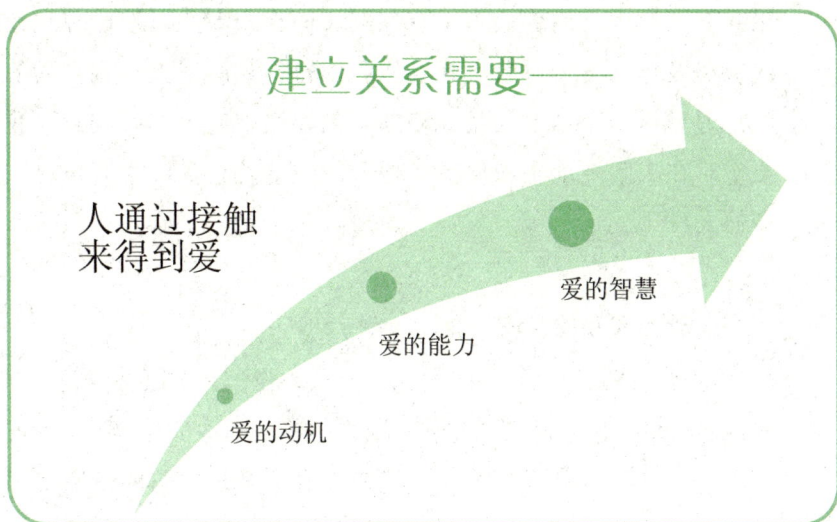

很让人惋惜！事实上，对方不懂是很正常的。谁能够理解没有说出口的爱，看到没有表达出来的关怀呢？要让对方理解深藏在自己内心的爱，是自己的责任。我们要学习去表达，去了解对方的需要，搭建起"我们"的桥梁。所以，建立关系是需要学习的，有爱的动机，还需要学会如何表达爱，更需要有足够的爱的智慧。也就是能够理解对方的需求，进而去爱，去表达，以满足彼此的需求。

（二）爱的能力

我们都期待得到爱。因此，我们就需要学习如何爱对方以及如何响应对方的爱。当我们学会这样做时，我们就能得到幸福且充满爱的关系。因此，除了爱的动机，爱的能力也很重要。接下来，我们谈谈如何培养情感。

情感是通过邀请、回应这样一来一往建立起来的。邀请与回应，不见得是用言语，有时候一个眼神或一个动作就可以达成。我讲话，你们认真地看着我。这样有没有回应我？有，这是用眼神来回应。如果我在课程中询问你们有没有问题，而你低着头，这时你也在回应我，用肢体语言告诉我"不要叫我回答"。所以人与人之间的关系就是通过这一个个瞬间的互动经验累积建立起来的。因此，我们需要学习在人际互动中如何响应他人的邀请，也需要学习自己如何邀请他人。

● **建立关系的邀请**

建立邀请，可以用一个问题、一个动作、一个眼神或是一个触碰来传递信息。任何"我想和你联结"的单一举动都是邀请，有的可以很含蓄，有的可以很热情。寒暄或客套、开玩笑与闲话家常都是邀请，但更重要的是有你的关心和支持。邀请包含语言与非语言的信息。邀请是深化关系很重要的元素，每一个邀请都是对关系的刺激，每一个回应都会影响关系的互动。

我们在生活中面对邀请时需要用心去注意对方。当妈妈放下手边的一切，用身体的接触、专注的眼神，将所有的注意力放在孩子身上，对孩子所说的话显示出兴趣与尊重，此时，妈妈就成功地发出了邀请，鼓励孩子敞开自己。

● **关系历程的回应**

回应有正、负向两种，以语言或非语言的方式呈现。当对方发出邀请信息后，任何响应都是回应，会影响接下来的互动关系。因此，不管是正向还是负向的言语表达，都是回应。有人以为沉默，或者没有表达意见，就是没有回应对方。其实那也是一种回应，而且这种回应方式可能会带来更困难的互动关系。夫妻间常会出现这样的状况。妻子不断分享自己的想法，丈夫默默地听，5分钟过去了，10分钟过去了，25分钟过去了，丈夫仍是默默地听。你想，这对夫妻接下来会有什么互动？也许，妻子会开始生气骂丈夫；或者，妻子很受伤地离开，不再分享。妻子分享是一种邀请，而丈夫没有说话，则是发出了沉默的回应。而这种沉默的回应，会造成妻子无法得到自己所想要的安抚，可能产生的负面影响就是让妻子因为困惑而猜测丈夫的反应。在这样的困惑与猜测中有可能产生关系中的疏离或不信任。

邀请是关系深化的元素，回应也是。这两个元素相互作用，对关系有很大的影响。关系的深化根基于正向且适当的邀请与回应。回应的方式分为三类。

（1）接纳的回应。

当我们以接纳的方式来回应对方的邀请时，就向对方传递出肯定的信息。对方会感觉受到重视，也会满意彼此间的互动，进而会促使双方有更多的邀请与回应。接纳的回应是能够正向回应对方的邀请。它也有不同的层次：几近被动的、低活力的、留心的、高活力的四个层次。什么是几近被动的回应呢？举例来说，当你回家时，家人跟你

接纳式回应的层次

高活力的	·全神贯注 ·眼神接触
留心的	·意见、想法与感受的回应
低活力的	·以简短的字词或问题的回应
几近被动的	·只回答一两个字或以轻微的动作回应

说："你回来啦？"

★ 几近被动的层次："嗯！"这是几近被动的回应，虽然是接纳式的回应，对关系的"存款"很少。

★ 低活力的层次："嗯！好累哦！"这是低活力的回应，虽比前一个回应好一些，但对关系的"存款"仍是有限的。

★ 留心的层次："对啊！我今天在学校……"这样的回应是一种留心的回应，彼此间有许多交流，是属于对关系"存款"较多的回应。

★ 高活力的层次："对啊！你看我，我今天……"这是一种高活力的回应，不只是愿意与对方有互动，还会主动发出邀请，是属于对关系"存款"很多的回应。

（2）忽略的回应。

忽略的回应是指没有注意到或回应对方的邀请，通常是出于无心的回应，虽没有恶意，但仍有负面影响。忽略的回应，会让对方感觉到被拒绝，而让对方气馁、孤立或寂寞。很多父母忙于工作与生活，常精疲力竭。所以，他们希望孩子安静，不要吵闹。或者父母体力不支，无法回应孩子的需求，就会不小心陷入忽略的回应。然而，孩子很需要父母的关注，所以当父母忽略的回应，就会削弱与孩子的关系联结。到了青少年时期，孩子就会用叛逆的行为来引起父母的注意。这是父母要注意的一件事。忽略的回应有如下几种状况：

★ 漠不关心：完全忽略对方的邀请，或者是没有正面回答对方发出的邀请，而切到无关紧要的细节上。

★ 专注于其他事：因为过度专心其他事，而忽略对方的邀请。

★ 打岔：当对方发出邀请时，回应完全不相干的事或者发出其他邀请。

回应方式对人际关系的影响

回应方式	接纳	相应不理	攻击
人际关系的影响	1. 更多的邀请与响应 2. 彼此关系日益增长	1. 邀请减少 2. 冲突增加 3. 感情受伤、失去信心 4. 这段关系迟早会结束	1. 邀请减少 2. 避免冲突 3. 压抑情感 4. 关系会结束但会延续一段时间

（3）攻击的回应。

相较于忽略的回应，攻击的回应杀伤力较为明显。采用攻击性回应的人有可能是事情过多、压力过大，或者是缺乏自信、自己的内心焦躁不安等状况所导致的。但是，不管如何，一个人习惯性攻击回应方式会破坏他的人际关系。这样的回应方式包含挑剔、防卫心强、轻蔑、挑衅或抬杠等。其他人面对这样的攻击方式通常会压抑自己的情感，远离这样的关系，避免冲突。

我们要建立爱的能力就要注意在邀请与回应的过程中有没有做到更多邀请对方，敞开自我，分享自己，乐意了解和认识对方。同时，也要留心自己在回应对方的邀请时，是正向的接纳，还是破坏关系的攻击或沉默。

三、爱的智慧

周哈里视窗(Johari Window)

类别	自己知道	自己不知道
别人知道	开放区	盲视区
别人不知道	隐藏区	未知区

　　有了爱的能力之后，要让我们的关系更紧密还需要爱的智慧。爱的智慧是指我们能更深入地认识彼此，懂得如何满足彼此的需要。我们用周哈里视窗的概念来探讨关系要怎么建构。每个人都有"自己知道"与"自己不知道"的部分，我们常看不到自己不知道的部分，而是常看到对方自己不知道的部分。自己不知道的部分有可能是因为防卫，如需要帮忙时却说"我不需要帮忙"。同时，我们有"别人知道"与"别人不知道"的部分，如受伤时不想被看见，就假装微笑说"我很好"。我自己知道别人也知道的部分叫开放区，我自己不知道别人却知道的部分叫盲视区，我自己知道别人不知道的部分叫隐藏区，我自己不知道别人也不知道的部分叫未知区。请问，当你期待建立良好的关系时，哪个区域应较大？答案是：开放区。

人与人之间的关系的信任度，会影响我愿意向对方披露的深度与广度。当我愿意披露更多层面，愿意告诉你更多信息时，就是不断地发出邀请，而你也愿意以接纳的态度回应我的邀请，我们向对方就敞开得越多，我们两个人的关系也就会越来越好。

很多人以为没有将自己的生气情绪表达出来，只是远离，或者不出席对方的邀约，就可以小心翼翼地既保有面子，又可以惩罚一下对方。却不知这是破坏关系的一大杀手！且是一种质量低劣的沟通！因为即使没有说话，行为或表情就已经发出了信息，只是这样的信息更模糊不定，感觉自己好像不用为生气付出代价或责任，但实际上，却因为信息的模糊而让事情更复杂，关系更蒙尘。

然而，披露是一种冒险。彼此是陌生人时披露的广度很小，深度很浅；彼此更熟悉、更愿意认识对方的时候，愿意披露的就更多，深度也比较深；彼此是好朋友时披露的广度就会更广，深度也更深。例如：父母提出对孩子的忠告也是一种冒险，冒着可能被拒绝的风险。

不同阶段中自我披露的深度与广度

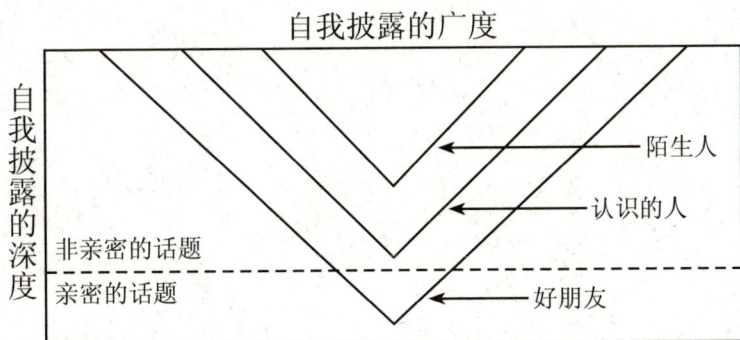

自我披露的广度

自我披露的深度

- 非亲密的话题
- 亲密的话题

→ 陌生人
→ 认识的人
→ 好朋友

资料来源：林彦好、郭利百加译（1991），第168页。

当一个人愿意向你披露更多信息时（不管是正向或负向），你要感激他，因为他冒险去信任你。

有智慧的爱就是深化彼此的信任关系，建立更深入的爱的交流。用开放的心，勇于分享，吐露自己的心声，彼此肯定，抓住交谈的机会，让彼此的谈话更优质。

单元重点摘要

一、关系就是陪伴，要做到陪伴，需要学会一件很重要的事，就是懂得给对方需要的，而不是给对方你自以为对方需要的。

二、关系除"我"和"你"之外，还有"我们"！当进入关系之后，我们不能够再唯我独尊，也不能以对方的关系为主体，而是在"我"这个主体和"你"这个主体中，架起一座联结彼此的桥梁，那就是"我们"。

三、小时候我们通过拥抱得到安抚，长大之后就不会再通过被母亲抱在怀中来寻求安抚了，而是从关系的邀请与回应中获得安抚。

四、邀请是深化关系很重要的元素，每一个邀请都是对关系的刺激，每一个回应都会影响关系的互动。

五、关系的深化根基于正向且适当的邀请与回应。回应的方式分为三类：接纳的回应、忽略的回应、攻击的回应。

六、披露是一种冒险。彼此是陌生人时披露的广度很小，深度很浅；彼此更熟悉、更愿意认识对方的时候，愿意披露的就更多，深度也比较深；彼此是好朋友时披露的广度就会更广，深度也更深。

七、有智慧的爱就是深化彼此信任的关系，建立更深入的爱的交流。用开放的心，勇于分享，吐露自己的心声，彼此肯定，抓住交谈的机会，能让彼此的谈话更优质。

思考花园

♥ 课程目标

1. 认识建立关系的历程。
2. 增进对关系经营的认识。
3. 提高对关系互动历程的敏锐度。
4. 提升建立良好关系的认知与能力。

♥ 前　言

　　我们可以思考一下，当初为什么想要结婚组成一个家庭？我想和我的另一半有什么样的关系？我可以想象得到我听到的回答多半是，"我希望他很爱我"，"我们是幸福美满的"。也可能有人会说"我们是彼此相爱的"。但如果诚实地问自己："我有没有希望他爱我更多一点？"很可能真实的自己是想要拥有爱，而不是付出爱。我们很多时候带着这种自欺欺人的期盼进入婚姻，我们期盼得到充满爱的家，却不知道该如何经营它。

一、关系花园

建立关系不是依自己的＿＿＿＿＿＿＿＿＿＿＿＿＿＿，而是＿＿＿＿＿＿＿＿＿＿＿＿＿＿＿＿＿＿所要的，＿＿＿＿＿＿＿＿＿＿＿＿＿＿＿＿＿所需的。

建立关系就是＿＿＿＿＿＿＿＿＿＿＿＿＿＿的过程，满足＿＿＿＿＿＿＿＿＿＿＿＿＿。

关系就是陪伴。但要学会一件很重要的事，就是懂得＿＿＿＿＿＿＿＿＿＿＿＿＿＿＿＿＿＿＿的，而不是给对方你＿＿＿＿＿＿＿＿＿＿＿＿＿＿＿的。

思考与活动

● **建立良好关系的自我觉察**

好多时候我们期待别人知道我们的需要，重要的是，你的另一半、你的家人也期待你倾听他们的需要，唯有这样你才能和家人建立良好的关系。我们来做个小小的活动吧！

1. 请大家思考在亲密关系中自己有哪些期待？同时想一想你最重要的家人，你觉得他的期待是什么？三人一组，分享你的期待。

2. 回家后询问并聆听对方的期待，检视你们对彼此关系最在意的部分是什么，写下你为这段关系努力的行动吧！

在亲密关系中，我的期待是……	我觉得对方的期待是……
1.	1.
2.	2.
3.	3.
4.	4.
5.	5.
仔细询问并聆听后，写下对方的期待【访谈】	
1.	1.
2.	2.
3.	3.
4.	4.
5.	5.

我可以为这段关系做出什么努力来满足彼此的期待：

二、关系的元素

　　关系除了"我"和"你"，还有"＿＿＿＿＿＿＿＿＿＿"！"＿＿＿＿＿＿＿＿＿＿＿＿＿＿＿＿"是关系中很重要的元素。进入一段关系，都不可以忽略掉"我们"这个元素。因为进入关系之后，不能够再唯我独尊，也不能以对方为关系的主体，而是在"我"这个主体和"你"这个主体中，建立一座联结彼此的桥梁，那就是"我们"。

　　安抚是人的基本需求之一，人需要通过＿＿＿＿＿＿＿＿寻求安抚。安抚对一个人的人格发展具有非常重要的意义。一个人通过安抚的经验来建立自己的＿＿＿＿＿＿＿＿＿＿＿＿＿＿＿＿，以及对他人的＿＿＿＿＿＿＿＿＿，进而形成＿＿＿＿＿＿＿＿＿。小时候我们通过拥抱得到安抚，长大之后是从关系的＿＿＿＿＿＿＿＿＿＿＿与＿＿＿＿＿＿＿＿＿＿＿＿＿获得安抚。

三、建立爱的关系

（一）爱的动机

从人自私的本性来看，我们容易看到＿＿＿＿＿＿＿＿＿需要，也容易更多聚焦在＿＿＿＿＿＿＿＿＿是否得到满足。

身处关系中，如果只聚焦在自己期待的满足上，而＿＿＿＿＿＿了在这份关系中的＿＿＿＿＿＿＿＿＿＿＿也需要得到满足，就会磨损彼此的关系。

谁能够＿＿＿＿＿＿＿＿＿没有说出口的爱，看到没有表达出来的关怀呢？要让对方理解深藏在自己内心的爱，是＿＿＿＿＿＿＿＿＿＿＿＿＿＿＿责任。

＿＿＿＿＿＿＿＿＿＿＿＿＿是需要学习的，有＿＿＿＿＿＿＿＿＿，需要学会如何＿＿＿＿＿＿＿＿＿＿＿。

（二）爱的能力

人与人之间的关系建立，就是通过一个个瞬间的互动经验累积起来的。因此，我们需要学习在人际互动中如何响应他人的邀请，而我们也需要学习自己如何邀请他人。

● 建立关系的邀请

建立邀请，可以用一个＿＿＿＿＿＿＿＿，一个＿＿＿＿＿＿＿＿，一个＿＿＿＿＿＿＿＿或是一个＿＿＿＿＿＿＿来传递信息。任何"我想和你联结"的单一举动都是邀请。建立关系的邀请包含语言与非语言的交流：

★ 寒暄或客套

★ 开玩笑

★ 闲话家常

★ ＿＿＿＿＿＿＿

★ ＿＿＿＿＿＿＿

★ ＿＿＿＿＿＿＿

★ ＿＿＿＿＿＿＿

● 关系历程的回应

当他人渴望与自己发生情绪联结时，自己＿＿＿＿＿＿＿或＿＿＿＿＿＿＿的回答，包含＿＿＿＿＿＿＿与＿＿＿＿＿＿＿。

1. 回应的方式：

＿＿＿＿＿＿＿，彼此关系日益增加，引发更多的邀请与响应。

＿＿＿＿＿＿＿，情感受伤，失去信心，邀请减少，冲突增加。

＿＿＿＿＿＿＿，压抑情感，避免冲突，邀请减少。

2. 接纳的回应的层次

几近＿＿＿＿＿＿＿的回应，只回答一两个字或以轻微的动作回应。

＿＿＿＿＿＿＿的回应，以简短的几个字或一个问题来回应。

＿＿＿＿＿＿＿的回应，包含意见、想法与感受。

＿＿＿＿＿＿＿的回应，全神贯注，眼神接触。

（三）爱的智慧

期待有好的关系，首先我需要了解自己，扩大自己知道的区域；其次也需要理解对方的需要是什么，了解他对这段关系的期待。这样我会扩大开放区，知己也知彼。

人与人之间的关系的信任度，会影响我愿意向对方披露信息的＿＿＿＿＿＿与＿＿＿＿＿＿。披露是一种＿＿＿＿＿＿，所以当彼此是陌生人时披露的广度很小，深度很浅；而当彼此更熟悉、更愿意认识对方的时候，愿意披露的就更多，深度也比较深。有智慧的爱就是深化彼此的信任关系，建立更深入的爱的交流。

思考与活动

请回顾你和你的重要关系人一整天的互动是怎样的？如果你多是几近被动的回应，那么关系"存款"较少。如果对方经常是几近被动的回应，那么你可能会觉得不满足，所以要增进关系的联结，就需要运用你的智慧邀请对方多回应一些。

成功的邀请与回应有助于建立稳定健康的关系，而且可以提高情感的免疫力，对抗负面的攻击。这是我们需要认真学习的。很多时候我们期待别人知道我们的需要，重要的是，你的另一半、你的家人也期待你倾听他们的需要，唯有这样你才能和家人建立良好的关系。我们来做个小小的活动吧！

1. 学员5人一组，每人1张正方形色纸，将色纸裁剪成4～5片几何图形，组内相互交换图形3～4片，然后每人将交换到的图形用信封装好（交换后的图形并非正方形）。

2. 各组由小组长收集信封与其他组交换（交换整组的信封）。

3. 小组长随机发给每一组员一个交换来的信封，每人需拼出一个完整的正方形，过程中不可说话，需用肢体语言表达需求，通过邀请与回应，向同组组员拿到自己需要的图形。

4. 完成拼图后，各组分享拼图过程中邀请与回应的经验和感受。

3 单元三

双 赢 的 沟 通

　　沟通常被视为化解冲突的重要元素。每次问学员什么时候需要沟通，学员的回答通常是"冲突的时候需要沟通"或"意见不合的时候需要沟通"。然而，很多人忽略了平时的沟通是一个很重要且优质的"存款"。平时沟通做得好，关系就更好；关系好，冲突自然就变少。你期待一个优质的关系吗？那就从平时的沟通开始吧！

　　那么，我们要如何沟通呢？有人以为沟通就是说话，但是，却困惑于为何已经说了对方还是听不懂。我们为何跟某些人沟通特别困难呢？到底发生了什么事？你想了解沟通是怎么回事吗？沟通的过程中还有许多意想不到的玄机！有些时候，你觉得自己说得很清楚，但对方却听不明白。沟通的过程只有说与听吗？学习沟通可以帮助你解答人际互动间的困惑，也可以提升人际关系的质量。

一、什么时候沟通

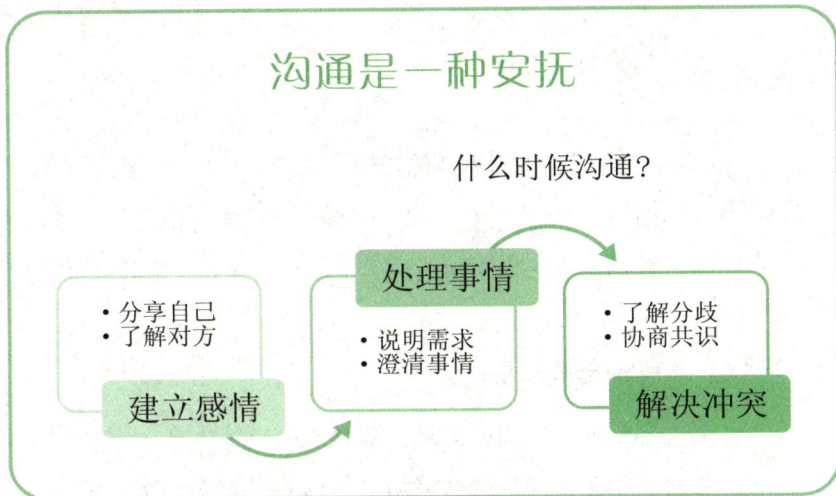

沟通是一种安抚

什么时候沟通？

- 分享自己
- 了解对方

建立感情

处理事情

- 说明需求
- 澄清事情

- 了解分歧
- 协商共识

解决冲突

单元二中说道，关系的联结是指通过邀请与回应来接收情绪，满足需求。当人的需求得到满足时，幸福感就会增强。关系的联结是通过沟通来达成的。如果问学员："我们什么时候需要沟通？"我常听到的回答是"冲突的时候需要沟通"或"意见不合的时候需要沟通"。事实上，我们随时随地都在沟通，建立关系要沟通，协商事务要沟通，冲突发生时要沟通。为了方便我们理解沟通的丰富性与复杂性，我们将沟通分为三个方面来讨论。

● **建立感情需要沟通，沟通不单单是讲话**

在进行邀请与回应时，沟通就在进行了。此阶段的沟通是关系"存款"最多、"存款"质量最高的时候，因为此阶段最能接受对方的情绪，满足对方的需要。然而，很多人会忽略这个时候的沟通，以为老夫老妻了，不需要再花这些力气，因此忽略了平时的分享与交流。我们经常误以为对方什么都知道，然而，对方真的知道吗？事实上，没有分享，对方很难真正了解。沟通是一种安抚，安抚是关系"存款"的一种方式。因此，平时的分享沟通是不可或缺的，千万不要等到冲突发生时才沟通。

● 处理或协商事情的沟通

家务分工、工作协商、举办活动都需要协商。在这样的协商过程中，我们需要来来回回地沟通，以确定真正了解彼此的需求。

● 冲突时的沟通

等到冲突发生才沟通需要处理的事情太多，太复杂。因为冲突发生时，双方都难免会有情绪。所以要先处理情绪，厘清自己或对方到底要什么，还要确定彼此愿意解决冲突，才能够进入冲突的解决阶段，最后还要通过协商才能达成共识。

如果平时不沟通或沟通较少，那么等到冲突时才沟通就需要技巧与能力。需要什么技巧？同理、接纳、处理情绪、了解自己与对方、了解彼此的不一样与协商。沟通与解决冲突技巧不足，加上平时的关系"存款"不足，就难以在短时间内找到好的解决之道。

二、沟通的意义与历程

（一）沟通的意义

沟通是一方将信息传递给另一方，另一方接收信息进而理解的一种有意义的过程。这种有意义的传达与了解的过程是有来有往的人际交往过程。在这个历程中我们将自己的意见、态度、观念或情感传递给对方，对方也将他的意见、态度、观念或情感的信息回应给我们。我们就在这一来一往中持续进行沟通。这样的沟通行为包含在电话中与朋友聊天，在聚会上与朋友相聚，或者在网络上与网友对话都是人际沟通。

我们在沟通中所传递的信息展示了我们所要传达的意义与内容，也显示出此沟通的重要性。例如：当孩子兴高采烈地跟妈妈聊学校的事，而妈妈一边整理家务，一边左顾右盼，随便回应。在这个沟通的过程中，母亲充分表现出对沟通的忽视。孩子也接收到了这样的信息，不久之后，就没有兴趣分享了。因此，我们对沟通的结果需要承担责任，因为我们在此互动中交换了互动所产生的意义与价值。

（二）沟通历程

接下来，我们来看沟通的历程。沟通的历程包含以下几个元素：

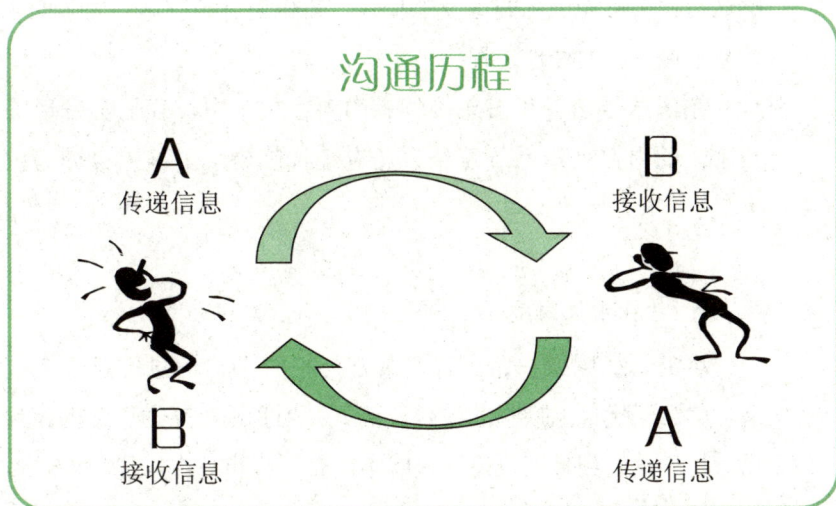

沟通历程

A 传递信息

B 接收信息

B 接收信息

A 传递信息

★ 沟通参与者，包含信息传递者与信息接收者。

★ 信息和管道，包含语言、非语言等信息。

★ 所处的情境，包含当下时间或环境，以及心理、文化情境。

★ 还有沟通中的噪音，包含外在与内在以及语义的差异（有关内在或文化沟通相关议题，将在下一个单元进一步探讨）。

沟通的历程是传递信息者与接收信息者一来一往的互动，且彼此交换角色的循环历程。所以在这个过程中，当信息传递者传递信息之后，信息接收者会反馈信息，此时，原来的信息传递者就成了信息接收者。在这个过程中，信息传递者接收感官或者内在思想的刺激，选择这些刺激信息，将所选择的信息编码，然后转换成信息传递给信息接收者。信息接收者接收传递者的信息之后，感官受到刺激，接收者会选择信息，将信息译码传递给对方，而信息接收者选择接收到的信息，进行信息的译码来解读对方的意思，然后做出回馈。

沟通的历程相当快速，虽然看似很简单但却是一个复杂的处理过程。我们表面行为的背后还有信念与想法。当我简单地看对方一眼，说出一句话，都经历了颇为复杂的内在处理过程。如果我们有机会拆解这历程中可能进行的每一个步骤，会相当讶异在这一简单的对话中暗藏了这么多的处理过程。

在信息传递者和信息接收者的内在过程中，我们会发现除了每一个人的内在处理系统复杂，还有干扰因素。干扰因素分为以下两类。

1. 外在干扰因素。

这类干扰因素很常见，当外在环境嘈杂，信息过量或者过于复杂，就会干扰信息接收的质量。例如：当我站在交通繁忙的路边打电话，将音量开到最大也许还是听不清楚，因为外在干扰因素过多。

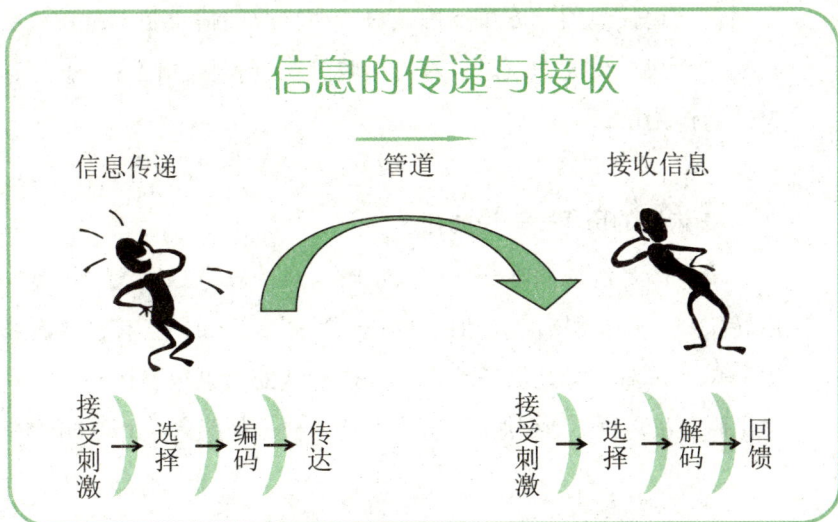

信息的传递与接收

信息传递　　　管道　　　接收信息

接受刺激 → 选择 → 编码 → 传达

接受刺激 → 选择 → 解码 → 回馈

2. 内在干扰因素。

这类干扰因素在上述过程中都可能产生。例如：我们可能选择性地接收某些我们想听的信息，并用我们的经验与想法加以诠释，赋予意义，当在我们的感官、思维中这样走过一回，可能得到的诠释与原来的客观信息就会产生落差。因此，沟通的过程需要来来回回的确认与理解彼此的想法，才能够更清楚地认识彼此。

在沟通的过程中，彼此之间的回应是人际交往中很重要的元素。这一来一往的回应有两个很重要的功能：一是传递信息的一方发出邀请，接收信息的一方要回应，这个回应会刺激启动下一个沟通。二是确认所接收信息的正确性。每个人都是独立的个体，有自己的想法与情感的表达，接收信息的一方可能无法完全理解，再加上环境中的噪音、信息过量或过于复杂等因素，都可能忽略或错误解读信息传递者的信息。所以，接收信息的一方用自己的理解简述自己所接收到的信息，这有助于沟通信息的准确。当接收信息的一方回应所解读的信息之后，传递信息的一方可以确认对方所接收的信息是不是自己所想表达的。当我们传递的信息被对方接收且得到积极的回应，就可建立良好的信任关系。

● **沟通的历程——说的艺术**

语言不是沟通的唯一方式。接收信息的一方专注地看着对方，或者转头离开，虽没有说话但这也是一种回应。如：当我说"沟通其实很简单"，对方只是沉默地点头，也许他的心里很不认同，只是在表面上附和我，我不知道他的想法与信念，除非他愿意说出心中的想法。

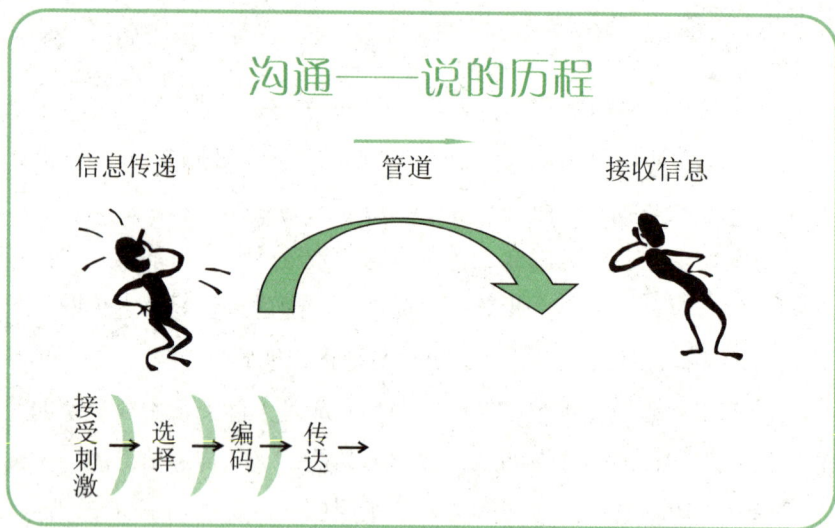

沟通——说的历程

信息传递　　　　管道　　　　接收信息

接受刺激 → 选择 → 编码 → 传达 →

接下来，我们要探讨沟通中应该怎么说。值得注意的是，沟通方式除语言外还包括表情、肢体动作、着装、环境、氛围等。如：墙上挂了很多粉红色的心形气球，加上红色的缎带、玫瑰花，我们会想可能这是婚礼现场！场地的摆设与布置传递出某种信息。

有一对夫妻，周末丈夫约妻子出去早餐约会，觉得难得放假轻松一下。然而，一到早餐店丈夫就习惯性地开始翻看报纸，且看得很专心。妻子叫了好多声，丈夫才抬起头来看妻子一下，然后继续看报纸。丈夫觉得早餐约会就是我和你在一起吃早餐，而妻子对早餐约会的期待是丈夫能与她有更多的情感交流。结果当然就是，这个约会不欢而散。

我们来看看在这个互动中，丈夫传递了哪些信息。丈夫的语言表达是要一起约会，但丈夫的非语言信息却告诉妻子：报纸比她更吸引他。我们的语言与肢体语言不一致，会导致沟通变得困难。而且，非语言的信息通常比语言的影响更大，语气和语调也会影响信息的表达。通常我们将沟通视为对话；事实上，沟通方式不仅限于语言的表达，而且还包含非语言的信息。非语言的信息包含行为与肢体信息。行为信息就是行为所表现出来的信息，如迟到、不联络、远离等。而

信息的内涵

■语言信息
■非语言信息
• 肢体信息：肢体动作、眼神……
• 行为信息：迟到、不出席、着装、看报纸……

	占比
语言信息	55%
肢体信息	38%
行为信息	7%

肢体信息包括面部表情等。请大家猜一下在学者研究统计我们在日常的沟通中，语言占所有信息的比重是多少？研究显示，语言表达仅占所有信息的7%，我们的肢体动作常常在做一些我们自己没有意识到的表达。

因此，在传递信息时，我们要注意自己发出的语言信息与非语言信息是否一致。当我们的语言信息与非语言信息一致时，沟通才会变得顺畅。

● **沟通的历程——听的能力**

在"听"的沟通过程中，对方传递信息给我，我是接收信息的一方。我听到什么？我有听懂吗？我如何才能听得明白？在日常生活中，我们发现人际沟通常常会发生"有听但没听懂"的现象，听者甚至可能会扭曲原来的意思。

个人的思考、价值观、习惯、过去经验与彼此的熟悉度或信任度

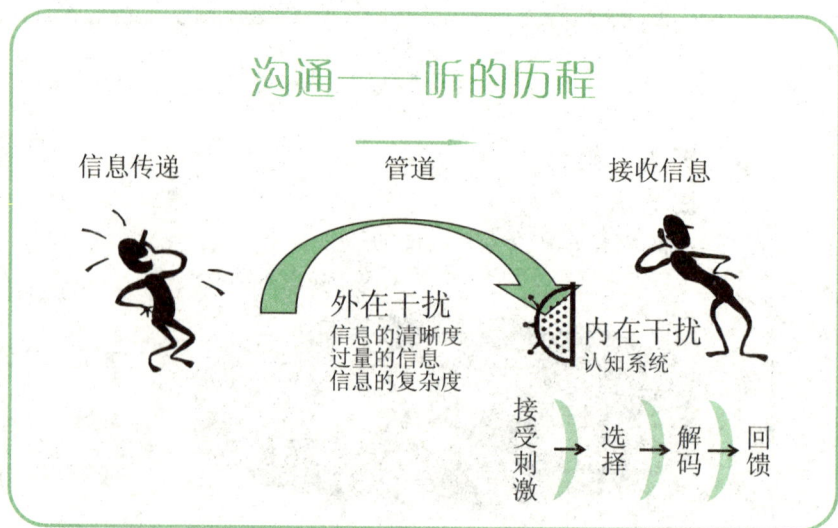

沟通——听的历程

信息传递　　　　管道　　　　接收信息

外在干扰
信息的清晰度
过量的信息
信息的复杂度

内在干扰
认知系统

接受刺激 → 选择 → 解码 → 回馈

等因素都会影响我们如何选择、解读信息。有时接收信息之所以会产生障碍还与内在干扰有关。例如：因为过去彼此有过不好的经验，这经验让我们在接收信息时，戴上了有色眼镜。有时即使没有过去不好的经验，也会有这样的困难。因为，我们对信息解读的方式不同，那有可能是因为彼此默契不足，或参考架构（内心）有落差。当彼此不了解时，我们双方的图像可能很不一样。所以，沟通需要来来回回的确认。通常沟通的困难不是因对方有恶意，而是因为解读不同，个人诠释不同。

倾听是建立关系很重要的桥梁，也是承接对方情绪的重要过程，因此我们要用心倾听对方的信息。在我们身旁有许多的声音，然而我们会主动选择我们想听的。倾听是一种主动且复杂的过程，要用心、用耳去听；接下来选择并组织信息，再将这些信息编辑成有意义的解释，然后回应对方。主动积极才能听懂。然而，我们在人际互动中，有太多的信息刺激，如果我们在听的过程中分心了，请向对方说："对不起，你刚刚好像在讲很重要的事，我的思绪刚刚飞走了，可不可以请你再讲一遍？"千万不要假装听懂，因为对方可以从你回应的语言与非语言信息做出判断。坦诚在建立信任关系时很重要。倾听者也可以借助非语言信息，让说话者知道你在很努力地听他说话。千万不要假装听懂！这很容易被发现，反而会影响彼此的信任关系。

倾听有几项重要原则：

★ 融入：清空脑袋中的思绪，专注于你想要互动的人，告诉自己"我想要进入他的世界"。做一个有效的倾听者要言行一致，放下手边的事情，暂时忘掉自己的事，将注意力留给对方，告诉自己要专心进入对方的世界，且由对方主导对话。注意对方的非语言信息，如脸部表情、手势、口气或音调。

★ 接纳：接纳对方当时的经验与感受，倾听者要通过语言或非语言信息让对方知道你跟他同步，对他所说的有兴趣，尊重并认同他的经验，甚至包含对方没有说出来的感受与需要。但不要急着回应对方。

★ 更多邀请：鼓励对方说出他想说的话，如果对方中断，可以邀请他"多告诉我一点""还有……""然后呢？"当我们的态度与语言都表达了邀请，对方会信赖我们，也有勇气说出更多内心真正的感受。

★ 整理：倾听者整理自己所听到的，并告诉对方"如果我说错了，可以修正"。倾听者可以将所听到的做简单的整理并回应对方，也让对方有机会澄清，直到双方都觉得满意为止。

★ 探询清楚的信息：当倾听者信息不足，或者不清楚对方的意思时，可以用开放式问题澄清不清楚的信息，理解对方真实的想法，澄清冲突或混淆的信息，可用感官信息来澄清、深化问题。例如："看到你哽咽了（感官信息），发生了什么事？"

沟通的过程中"听"是一门大学问！沟通不只是说或者信息的传递，如何听也很重要。我们常戴着"有色眼镜"来倾听，结果所听到的都是自己编写出来的情节。因为自己的"有色眼镜"会改写对方的意思。因此，要拥有高质量的沟通，不单单要学习如何一致地表达自己的语言与非语言信息，还要学会摘下自己的"有色眼镜"，听懂对方真正要表达的意思。

在沟通的过程中对信息的解读产生偏差是常常发生的情形。我们有时没有接收到对方的情绪却回应了对方该如何做呢？我们可以将回应的速度放慢，先承接对方的情绪。例如：女儿告诉我在学校学习上有挫折，我回应："所以，你现在很难过？"她因为情绪被接收，而更愿意深入表达她的想法与感受，我们也因为这样的对话而建立更多的信任。当我们传递的信息被接收且得到接纳的回应时，我们就会建立信任关系，进而扩大彼此的开放区，让彼此建立更亲密、更坦诚的关系。

　　每个人都非常独特，在我们的生命中都希望与自己所爱的人有很好的情感交流。在平时经营两人关系中分享自己，了解对方如何表达自己，如何正确理解对方是"存款"多、质量高的沟通。倾听是建立关系的重要桥梁，也是承接对方情绪的重要环节。

　　如果等到冲突发生时才沟通，那么可能因为要处理的问题过于复杂、情绪过于强烈而过滤了许多客观状况，进入主观的解读当中，让沟通变得更困难。因此，平时多沟通与分享，才能减少冲突时出现的沟通困难。

单元重点摘要

一、沟通就是交流，沟通分为三个面向。第一是建立情感时。在邀请与回应中，我们就开始进行沟通了。关系建立时的沟通是质量最好、对关系"存款"最多的一种沟通方式。第二是处理或协商事情时。第三是冲突发生时。

二、沟通的历程包括：

1. 沟通参与者，包含信息传递者与信息接收者。

2. 信息和管道，包含语言、非语言等信息。

3. 所处的情境，包含当下时间或环境以及心理、文化情境。

4. 沟通的噪音，包含外在与内在以及语义的差异。

三、沟通干扰因素分为两类：

1. 外在干扰因素。当外在环境嘈杂、信息过量或者过于复杂，都会干扰信息接收的质量。

2. 内在干扰因素，沟通历程的内在过程。选择性地接收某些我们想听的信息，并用我们的经验与想法加以诠释，赋予意义。

四、响应有两个很重要的功能：刺激下一个沟通的启动，确认所接收信息的正确性。

五、沟通方式除语言，还包含非语言的信息。而非语言的信息当中包含行为与肢体语言。

六、个人的思考、价值观、习惯、过去经验与彼此的熟悉度或信任度等因素都会影响我们如何选择、解读信息。

七、倾听是建立关系的重要桥梁，也是承接对方情绪的重要环节。因此，倾听时要专注，才能听懂对方要告诉你的信息。

八、倾听有几项重要守则：

1. 融入：清空脑袋中的思绪，专注于你想要互动的人，告诉自己"我想要进入他的世界"。做一个有效的倾听者要言行一致。

2. 接纳：对对方当时的经验与感受给予接纳，倾听者要用语言或非语言信息让对方知道你跟他同步，对他所说的感兴趣，尊重并认同他的经验。

3. 更多邀请：鼓励对方说出他想要说的一切。

4. 整理：倾听者整理自己所听到的，并告诉对方如果我说错了可以修正。

5. 探询清楚的信息：当信息不足，或者不清楚对方的意思时，可以用开放式问题澄清不清楚的信息，理解对方真切的想法，澄清误会或混淆的信息。

思考花园

课程目标

1. 建立学员对沟通历程的认识。
2. 提升学员说话的能力。
3. 提升学员倾听的能力。
4. 学习建立双赢的沟通。

前 言

　　问学员什么时候沟通，学员的回答常常是："冲突的时候要需沟通！"沟通常被视为化解冲突的重要元素。平时沟通做得好，关系就更好；关系好，冲突就变少。你期待良好的关系吗？那就从平时的沟通开始吧！

　　有些人以为沟通就是说话。但是，为何已经说了对方还是听不懂？为何跟某些人沟通特别难？到底发生了什么事？你想要了解沟通是怎么回事吗？沟通的过程还有许多您意想不到的玄机！沟通可以帮助你解答人际互动间的困惑，也可以提升人际关系的质量。值得一窥究竟！

一、什么时候沟通?

沟通是一种_____。你认为什么时候需要沟通呢?

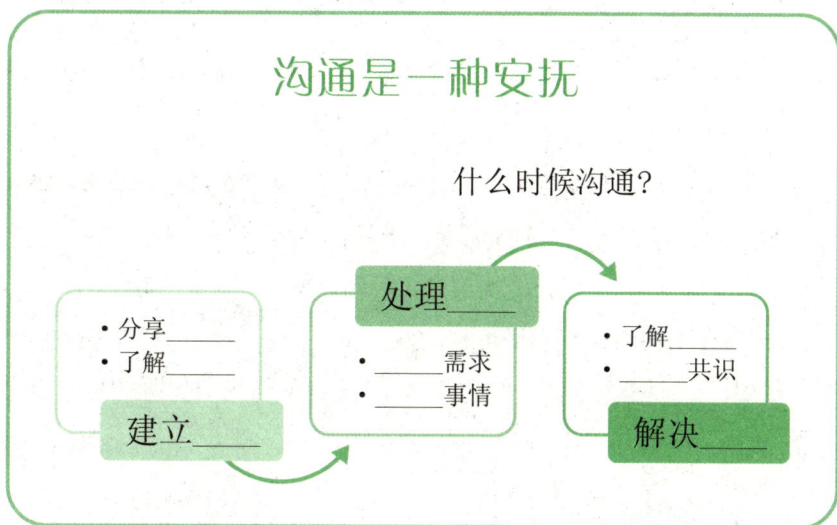

沟通是一种安抚

什么时候沟通?

- 分享_____
- 了解_____

建立_____

处理_____
- _____需求
- _____事情

- 了解_____
- _____共识

解决_____

二、沟通的意义与历程

(一)沟通的意义

沟通是一方将_____给另一方,另一方_____进而理解其信息的一种有意义的过程。这种有意义的传达与了解的过程呈现了_____的人际交流。

（二）沟通历程

1. 沟通的历程包含下列几个元素：

★ _____，包含_____与_____。

★ _____，包含_____、_____等信息。

★ _____，包含当下时间或环境以及心理、文化情境。

★ _____，包含_____与_____以及_____的差异。

2. 在信息传递与信息接收的内在过程中，我们会发现沟通有两类干扰因素：

★ _____干扰因素，当外在环境嘈杂，信息_____或者过于_____，都会干扰信息接收的质量。

★ 内在干扰因素，沟通历程的_____或关系的经验都可能产生。例如：_____的接收某些我们想听的信息，并用我们的_____加以_____，_____。

● 沟通的历程——说的艺术

★ _____信息。

★ _____信息。

★ _____信息：肢体动作、眼神……

★ _____信息：迟到、不出席、着装、看报纸……

非语言沟通包括动作（抚摸或触摸身体）、外貌、着装、环境、氛围、距离、个人空间、时间（等待、准时）等。

● 沟通——听的历程

个人的＿＿＿＿＿＿＿、＿＿＿＿＿＿＿＿＿、＿＿＿＿＿＿＿、＿＿＿＿＿＿＿与彼此的熟悉度或信任度等因素都会影响我们如何选择、解读信息。

倾听有几项重要守则：

★ ＿＿＿＿＿＿＿：清空脑袋中的思绪，专注于你想要互动的人，做一个有效的倾听者。

★ ＿＿＿＿＿＿＿：接纳对方，倾听者要通过语言或非语言信息让对方知道你跟他同步。

★ ＿＿＿＿＿＿＿：鼓励对方说出他想说的话。

★ ＿＿＿＿＿＿＿：倾听者整理自己所听到的，并告诉对方"如果我说错了，可以修正"。

★ ＿＿＿＿＿＿＿：当倾听者信息不足，或者不清楚对方的意思时，一定要澄清。

在沟通的过程中"听"是一门大学问！沟通不只是说或者信息的传递，如何听非常重要。我们常常带着成见去听对方的信息，结果所听到的都是自己编写出来的情节。原来自己的"有色眼镜"会改写对方的意思。因此，要有高质量的沟通，不单单要学习如何一致地表达自己的语言与非语言信息，还要学会听懂对方真正要表达的意思。沟通的过程中对信息的解读产生偏差常常发生。我们有时没有接收到对方的情绪却回应了对方该如何做。我们可以学习放慢回应的速度。

4

单元四

关系中的挑战

我们都很喜欢童话故事的结局，公主与王子结婚后过着幸福快乐的日子。这是每一对进入婚姻的佳偶所期待的婚姻结局。因此，很多婚姻城外的人，羡慕着婚姻城内人的幸福生活。然而，进入婚姻后人们才会明白公主与王子的幸福快乐结局是需要在现实生活中努力经营的，婚礼只是揭开通往幸福快乐结局的序幕。有人会因此而感到挫败、失望，哀叹自己所嫁非人，转而开始羡慕婚姻城外的生活。有人甚至说婚姻是爱情的坟墓。真的是这样吗？结婚真这么可怕吗？其实当我们勇于面对现实，勇敢认识自己，了解对方，更进一步在彼此的落差中找到新奇与乐趣，进而建立建设性的关系时，我们不仅不害怕进入婚姻，反倒可以通过更多的接纳，给生活注入新的活力，让自己更具弹性，更加成长，幸福快乐的生活，就会悄然而至。

一、关系会变化

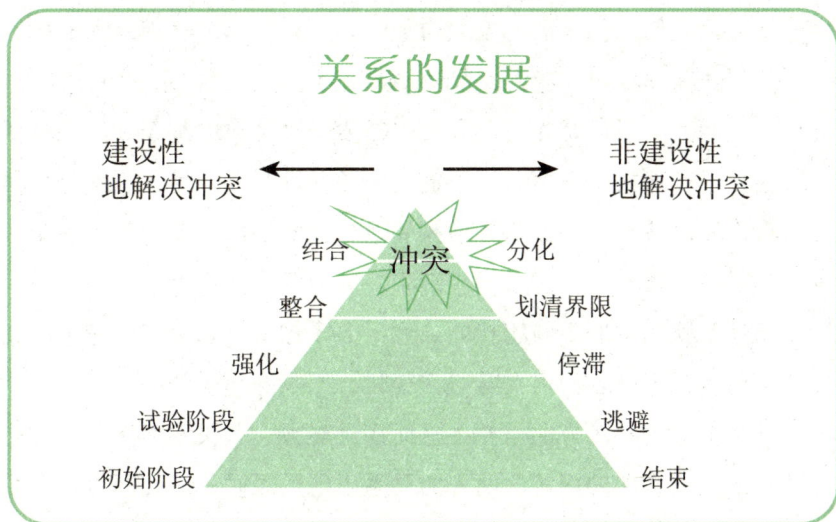

关系的发展

建设性
地解决冲突 ←————————→ 非建设性
地解决冲突

结合 **冲突** 分化

整合　　　　划清界限

强化　　　　停滞

试验阶段　　逃避

初始阶段　　结束

你知道人与人之间的关系会发生变化吗？人与人之间的关系随时都在发生变化，可以变好也会变差。我们常常期待关系可以停留在最美好的时刻，然而，我们需要面对的客观事实就是不管多么美好的关系，如果没有好好经营，它都是会走下坡路的。

以情侣为例，当两个人刚认识时，会很腼腆地从礼貌性的社交开始。在初识之后，如果彼此有好的印象或有机会更进一步进行互动，两人会进入试验阶段，进一步认识彼此。在这一阶段彼此都会斟酌是否愿意与对方有更多的互动。当彼此都通过试验阶段，他们就有可能进入强化阶段，强化阶段两人会更多远离友伴，创造更多两人相聚的时间，更深入了解对方的价值观、喜好、背景等。当双方的关系从强化阶段顺利地进入更深层、更广博的认识时，渐渐地两人就有机会进入整合阶段。处于整合阶段的情侣会进入所谓的热恋期，也称为融合期。两人会觉得情投意合，彼此深爱对方，两人契合又互补。在此阶段的两人关系，甚至分分秒秒都舍不得分开，于是两人会愿意进入结合阶段。结合阶段通常是两人的感情到达某个深度，愿意一生一世在一起，且愿意向亲朋好友宣告他们是一对佳偶，从而进入婚姻。大部分的佳偶都会期待甚至认为两人从此会过着幸福快乐的日子。

两人关系像是在跳双人舞，需要一进一退的配合。一些择偶的研究显示，伴侣的吸引是基于彼此的差异性与相似性，也就是伴侣通常会借着这些相似性或差异性来满足自己的期待。差异通常在某种距离时最具有吸引力。当共同生活后，因为距离太靠近，过去有趣且美丽的差异就成了冲突与困扰的来源。关系之所以随时产生变化主要有两个原因：一是我们内在随时在变化；二是这两个随时变化的人如何有默契地接收到对方的需要并进而满足对方。如果不能满足对方就会开始产生关系上的困难。两人的关系出现困难时，彼此间可能会经历自己内在需求或期待的不满足，此时会出现既想要力求自己的需求得到满足，又想要维系双方关系的矛盾。

（一）个人内在变化与矛盾

人的内在有时会出现个人需求的矛盾。这样的矛盾包含：（1）独立或联结，我是一个人独处还是与伴侣共处。（2）亲子与夫妻孰重孰轻。这是家庭经常碰到的问题，在夫妻关系与亲子关系两者之间，如何取舍。（3）要求控制对方或是以和为贵。（4）自我和群体哪一个重要？（5）面对或逃避关系中的冲突。日常的生活中，我们经常会面临这样的矛盾。例如：妻子想要与丈夫多一点时间沟通，但是，又想要有一个独处的时间整理自己的东西。当妻子面临这样的矛盾时，就面临两难的选择，又想要与丈夫联结又想要自己独处。因此，她的渴望中就存在着矛盾！事实上，我们的生活中会经常出现这些两者都想要或两者都不想要的困境。我们也可能会陷入保留隐私与敞开自我的矛盾中，当妻子发现自己对丈夫的行为举止感觉不舒服时，妻子想告诉他，但又为了保持和谐的关系，所以想要将这样的不舒服隐藏在心中。这位妻子可能会陷入想要告诉丈夫，又不想告诉丈夫的挣扎中。这样的内在矛盾通常存在于个人的内心，表面上我们都没有任何举动，但我们内心却受到这种冲突的困扰。当面临这样的个人矛盾时，可能我们的关系并没有发生任何冲突，但如果没有觉察或适度的沟通，个人的内在冲突会衍生成彼此间的冲突。

（二）关系间的变化与冲突

当关系的需求不同时，也会衍生出变化或冲突。例如：当妻子想要联结，丈夫却想要独处时，两人的冲突与失望就有可能产生。关系能否维持在美好的那一刻，考验的就是我们对于冲突与失望的处理能力。当冲突发生后两人就会划清界限，但如果两人可以建设性地协商沟通就有可能恢复紧密的关系。如果冲突发生后没有建设性的解决，关系就会产生不好的发酵，这样可能会让关系停滞，甚至恶化。当关系停滞或恶化的时间过久，关系就会往负面发展，出现逃避，甚至结束。

在这样的个人与关系间的矛盾冲突发生时，我们需要兼顾个人与关系间的平衡，增加对自我的认识与觉察，建立好的人际关系；需要更多的觉察自己、认识并接纳自己，敞开沟通；也需要进一步认识对方与自己的不同，进而接纳对方是一个完全的个体，有他自己的想法、习惯与需求，寻求彼此间的共识让关系达到协调与满足。了解关系会变化，认知自己是关系的主要推手。在关系的变化中，"自己"可以让它升温，也可以让它疏离。

二、了解与接纳

上一单元提到沟通的历程与内涵，然而在现实生活中，除沟通的历程与内涵外，家人的互动也会在不同的层次上传递信息，这样的信息传递有时会让沟通变得更复杂且易产生误会，所以我们要来谈谈这些不同的沟通。

（一）语言的意义

每个人的原生家庭不同，所表达的语言的意义也不同。每个人在解读语言的意义时，会受到自己独特的经验与背景的影响。所以，同样的一句话，每个人听见的意义可能是不同的。夫妻各自从不同的原生家庭带来不同的语言表达的方式与用词遣字的习惯，有时会让对方很费力的倾听，才能明白。甚至会因为这样的落差而带来冲突，这是因为说者所要传达的意义，是听者所无法理解的。在婚姻中双方成长环境的差异导致信息接收与解读的落差，听的人听到的是自己解读的意义。来自两个家庭的夫妻，婚姻的初期如果忽略说与听之间诠释意义的鸿沟，可能会导致许多沟通的困境。要消弭这样的困境需要强化上一章的学习，平时多分享增进彼此的认识；沟通时听的人要小心聆听，且归纳自己所听到的，确定对方的意思。

（二）语言的风格

每个人语言的风格包含语调、语速、句子结构或措辞的偏好等。有人说话很含蓄委婉，有人习惯夸大或急促的说话方式，有人内心想很多却不善言表，有人有一点点想法就能够讲出精彩的故事。这些不同的表达方式在人际互动中引发许多因信息接收的落差而导致关系上的变化。例如：妻子觉得丈夫不说话，不愿表达自己的想法，为了让气氛更活跃，妻子更努力寻找话题。丈夫觉得回家就是放松休息，自己陪伴妻子的方式就是在她旁边安静地聆听。所以，丈夫不认为自己需要回应妻子，顶多就是简单的"嗯"。妻子看到丈夫半天没说几句话，觉得很孤单，认为丈夫不想理睬她！因此更努力邀请丈夫说话，妻子越努力，丈夫越觉得妻子不停地讲话，让自己没有喘息的空间。这两人内心都在责怪对方，却没有体会到对方真正想要的。

（三）语言的背景脉络

家人在面对面进行沟通时，会无意识地进入许多过去的互动经验与方式中，有时会不知不觉陷入"战争"状态。他们可能对外人都非常温文儒雅，进退应对相当得体。但是当两人开始对话时，就会出现冲突，不管自己说什么、做什么都会被对方解读为是攻击或否定；于是，对方就会开始防卫，两人就因此吵个不停。家人陷入这样的困境，是因为他们陷入过去的经验或感受中。所以，当事人需要从过去的经验中跳脱，厘清过去的经验与现在的处境，才能够更客观地理解对方。

家人间需要透过分享与彼此沟通来降低因落差而引起的错误解读。因此，每个人对自己要有足够的认识与觉察，了解自己的表达方式以及自己对哪些互动方式容易产生矛盾。同时也要学会将自己介绍给对方，进而了解对方的表达方式。

三、健康的沟通

清晰一致的沟通是健康家庭不可或缺的。清晰一致的沟通是指心里的想法和表达出来的言语是一致的。一致的沟通也包含与自己一致，觉察并了解自己，接纳自己以及与他人和情境一致，这样的沟通会将信息直接传递给对方。当我们的沟通是清楚、明确、坦诚的，就不会暧昧或模糊焦点，也能够自由地协调自己与他人及外在环境的关系。

当家庭缺乏安全感，导致个人需要自我保护与防卫时，个人会因为要面对这样的困境，而使得沟通的方式变得防卫或疏离。如果这样的困境长期存在于家庭中，就会形成固定的沟通方式。这些习惯性的沟通风格会造成人际间的困难。萨提尔指出有四种较易导致困难的沟通模式，这四种沟通模式的说话者将侧重点分别放在自我、他人和情境上。

★ 指责型：很少看到他人或环境，只关心自己，听不见也看不到别人的立场，只聚焦在自己身上。在沟通中容易出现指责、批评，说话武断，经常生气，要求别人服从。其实，采取这样沟通模式的人自我价值感很低。

★ 讨好型：将目光聚焦在他人身上，很少看到自己。这样的人过度担心被他人拒绝，重视他人的反应，会尽其所能取悦别人，并以牺牲、让步来满足他人的期待，他的内心深处会认为自己不重要。

★ 超理智型：只重视情境，不关心自己或他人。这样的人习惯就事论事，不关心他人或自己的感受，只在乎事情合理与否。表面上超理智的人好像擅长分析且冷静镇定，但事实上可能是恐惧与自己或他人的感受相接触而导致过度与自己或他人的情感隔绝。健康的人应该能够战胜自己的恐惧，与自己或他人的情感建立自由而亲密的联结。

★ 打岔型：不重视自己，只重视他人与情境。这样的人常以分心、插话、说笑话或闯祸来避免人际间的冲突。他看起来像是努力回应他人，但事实上却没有在当下的处境中与人接触，而渐渐失去价值感与意义感。他的内心深处是低自我价值的。

上述四种沟通类型，会出现或多或少的困难。那什么才是健康的沟通形态呢？我们从沟通分析理论中的时间结构，可以看到我们会将自己的时间做六种人际互动的安排，这样的时间安排与自己所需要的安抚和渴望有关。人很需要通过和别人建立关系来得到满足、认可与安抚。当我们得到所渴望的安抚，我们就更愿意投入与人的互动中。如果人际互动的过程让自己感觉没有价值感与意义感时，我们就想远离人群。人喜欢规划自己的生活，规划自己的时间。个人会根据与人互动的经验决定自己与他人互动的时间与深度。因此，我们会发现有人花了大部分的时间"闲聊"求得安抚，却很难进入他的内心世界；有人长时间"退缩"在自己的世界里；也有人乐意冒险进入"亲密"的关系中。

分享自己会得到安抚，但也是一种冒险。当对方坦诚与你分享时，他传递出愿意与你联结的信息，也在冒可能被拒绝或被批评的风险。然而，人际关系就是在不断寻求安抚与冒险历程中建立的。人际关系的亲疏，会不自觉地受我们内心的渴望、生命的经验及感受所驱动，人的一生就是在爱与归属中学习如何因应与面对。

时间结构

1. 退缩：独处、心不在焉
2. 仪式：有口无心，随意说说
3. 闲聊：聊一些与自我无关的外在事情
4. 活动：做一些有特定目的的事
5. 游戏：戴着面具说一些心里话
6. 亲密：坦诚面对自我，并表达内心的想法

退缩
仪式
闲聊
活动
游戏
亲密

（一）时间结构

人通过时间结构来决定自己得到多少安抚，时间结构有下列六个层次：

1. 退缩：活在自己的世界，没有人际互动。

2. 仪式：出于礼貌与人打招呼、寒暄问候，很少参与人际互动与分享。

3. 闲聊：分享一些与自己不相关的表浅的人、事、物。

4. 活动：从事特定目标的互动，分享自己的感受或想法。

5. 游戏：带着无意识的防卫分享自己的感受或想法。

6. 亲密：坦诚面对自我，自由地分享自己的感受或想法。

这是我们与人相处的六个不同的层次。越外圈所分享的信息越少，越表浅；越内圈所分享的信息越多，深度越深。然而，越外圈是越少冒险；越内圈越多冒险。分享会带来安抚，但也是一种冒险。当对方坦诚与你分享时，他传递出愿意与你联结的信息，也在冒可能被拒绝或批评的风险。当我们冒险分享，得到自己所期待的安抚，满足内心的渴望，我们就愿意更多地敞开心扉。

四、培养情绪智商

在人际交往中，我们喜欢与情绪智商高的人互动。在职场上获得成功的人通常有较高的情绪智商。那么，什么是情绪智商？情绪智商高的人是怎样的人？情绪智商高的人是"好好先生""好好小姐"吗？很多人对于情绪智商存在一些迷思，以为脾气好就是情绪智商高。事实上，情绪智商高的人需要具备两个很重要的能力，内省智力与人际智力。

（一）内省智力

首先，我们来看情绪智商高的人的内省智力是什么？内省智力就是能和自己的情绪接触的人。生气时，他不否定自己的情绪，能认知自己在生气；害怕时，能坦然接受自己正处于恐惧中，不会用愤怒来表达恐惧；高兴时，能知道自己的情绪是喜悦的。所以情绪智商高的人，他的情绪的觉察能力也很好。情绪是我们的好朋友，可以发出预警信号，让我们知道发生了什么事。能坦然的觉察并面对自己的情绪，可以让自己不产生不必要的防卫，也能够减少自我把能量耗费在人际关系的困境。另外，情绪智商高的人不仅能够觉察自己的情绪，而且当处于负面情绪中，对生活产生影响时，他也能适当调解、控制、排解或转换自己的负面情绪。情绪需要处理而非压抑。有人误以为脾气好就是情绪智商高。如果是因为压抑而脾气好，并不是情绪智商高。情绪智商高的人能弹性地运用调解、排解或转换的方式来掌控情绪。所以，情绪智商高不是脾气好的人，而是能适当觉察与调节情绪的人。有时候，我们会不容许自己有情绪出现，特别是负面的情绪，然而情绪是中性的，它只不过是在呈现我们的需求状况。如果我们懂得觉察，情绪就是我们的好朋友，它会告诉我们有事情发生了。所以，内省的情绪智商不是假装没有情绪，而是觉察理解自己的情绪，进而适当地运用与掌控情绪，而非被情绪淹没或控制。

除了觉察情绪不被操控，情绪智商高的人也具备自我激励的能力。情绪智商高的人自信、乐观，碰到不愉快的事能将压力转变成生命的挑战，从挫折中找到可以学习的机会。人生难免会碰到许多不如意的事，情绪智商高的人不会畏惧困难，会用积极正向的态度面对挑战。

（二）人际智力

情绪智商高的人还有另一个能力是人际智力。除自我省察外，能够敏锐地觉察别人的需要而且设身处地为别人着想。除了敏锐地觉察他人的需要，情绪智商高的人也能了解自己发生了什么，有什么困难，也能真诚地表达自我，他可以表达自己的生气与难过，对方的情绪也能感同身受。他对于人与人互动的掌握能够自由地与对方建立更能相互体谅与交流的亲密关系。

另外，情绪智商高的人拥有敏锐的社交技巧，能觉察与分析人际间的状况，领导群体，让大家互相满足，甚至是排解纷争。因此，情绪智商高的人不仅仅是"好好先生"，而且是一个能接纳自己且接纳他人，善于待人处事的人。

家庭生活是一种群体的生活，所以人们在处理平时的生活事务时，需要沟通与协商，才能够让群体互动达到彼此满足。当然，群体中的每个人都不一样，不同的人就有不同的想法、感觉与行为。有时候，并非是恶意或对立的状况，而仅仅是两个人不同而已。这种不同带来了生活的激情与动力，但也难免因为这种不同而产生失落与受伤。再美好的双人舞也难免踩到脚，婚姻也是这样。因此，在婚姻中努力的目标并非避免冲突，而是面对冲突时，如何让冲突得到建设性的解决。要清楚表达自己的想法与期待，也要听懂对方所传达的意思，多一点耐心，多一份体谅，多一些了解，就能够更加增强彼此的亲密感。

单元重点摘要

一、关系变化主要有两个原因：一是我们的内在随时在发生变化；二是这两个随时变化的人如何有默契地接收到对方的需要并进而满足对方。

二、个人内在变化与内心矛盾：

（1）独立或联结，我是一个人独处还是与伴侣共处。

（2）亲子与夫妻孰重孰轻，夫妻关系与亲子关系之间如何取舍？

（3）要求控制对方或是以和为贵。

（4）自我和群体哪一个重要？

（5）面对或逃避关系中的冲突。

三、当关系的需求不同时，会衍生出关系的变化或冲突，两人之间的冲突与失望就有可能产生。关系能否维持在美好的那一刻，考验的就是我们对冲突与失望的处理能力。

四、除沟通的过程与内容外，家人的互动也会传递出不同层次的信息。

五、每个人的原生家庭不同，表达的语言的意义也不同。每个人在解读语言的意义时，会受自己经验与背景的影响。

（1）语言的意义。

（2）语言的风格。每个人的语言风格包含语调、语速、句子结构或措辞的偏好等。

（3）语言的背景脉络。家人在面对当下的沟通时，会无意识地进入许多过去的互动经验与方式之中，有时会不知不觉陷入"战争"状态。厘清过去的经验与现在的处境，才能够更客观理解对方。

六、清晰一致的沟通是健康家庭不可或缺的。清晰一致的沟通是指心里的想法和表达出来的言语是一致的。也包含与自己、他人和情境一致。

七、四种导致沟通困难的模式，说话者将侧重点分别放在自我、他人和情境上。

（1）指责型：很少看到他人或环境，只关心自己。

（2）讨好型：将目光聚焦在他人身上，很少看到自己。

（3）超理智型：只重视情境，不关心自己或他人。

（4）打岔型：不重视自己，只重视他人与情境。

八、时间的六个层次

（1）退缩；（2）仪式；（3）闲聊；（4）活动；

（5）游戏；（6）亲密。

九、情绪智商高的人具备两个很重要的能力，即内省智力与人际智力。

十、内省智力就是能和自己的情绪接触的人。觉察理解自己的情绪，进而适当地运用与掌控情绪。情绪智商高的人具备自我激励的能力，遭遇不愉快的事能将压力转变成生命的挑战，从挫折中找到可以学习的机会。

十一、人际智力。除了自我省察，还能敏锐觉察别人的需要并能设身处地为别人着想。情绪智商高的人有敏锐的社交技巧，能觉察与分析人际间的状况，领导群体，让大家互相满足，甚至是排解纷争。

思考花园

♥ 课程目标

1. 认识关系的本质。
2. 觉察关系的变化。
3. 提升对关系中的落差的认识与接纳能力。
4. 认识关系质量提升的知能。

♥ 前　言

　　进入婚姻的人会明白幸福快乐的结局是需要在现实生活中努力经营的，婚礼只是揭开通往幸福快乐的序幕。当我们勇于面对现实，勇敢认识自己，了解对方，进一步在彼此的落差中找到新奇与乐趣，进而建立建设性的关系，通过更多的接纳，让生活注入新的活力，让自己更具弹性，更加成长，幸福快乐的生活就会悄然到来！

一、关系会变化

　　两人关系像是在跳双人舞，需要一进一退的配合。两人关系之所以随时产生变化主要有两个原因，一是我们的内在＿＿＿＿＿＿＿＿＿＿＿＿＿。二是这两个＿＿＿＿＿＿＿＿＿＿＿＿＿的人如何有默契的接收到对方的＿＿＿＿＿＿＿＿＿＿＿＿＿并进而满足对方呢？

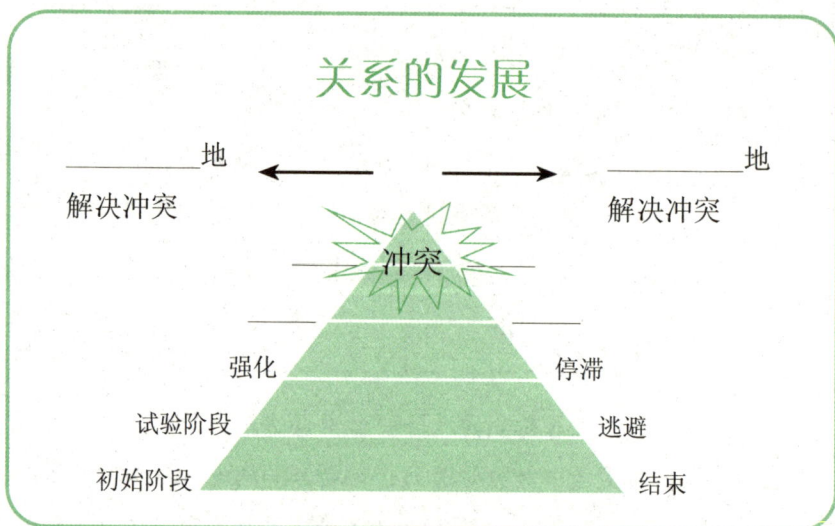

关系的发展

＿＿＿＿＿地　←　→　＿＿＿＿＿地

解决冲突　　　　　　　　　　解决冲突

冲突

＿＿＿＿＿　　　　　　＿＿＿＿＿

强化　　　　　　　　停滞

试验阶段　　　　　　　逃避

初始阶段　　　　　　　结束

（一）个人内在变化与内心矛盾

　　＿＿＿＿＿＿或＿＿＿＿＿，我是一个人独处还是与伴侣共处。

　　＿＿＿＿＿＿与＿＿＿＿＿孰重孰轻，夫妻关系与亲子关系，如何取舍？

　　要求控制对方或是以和为贵。

_____和_____哪一个重要？

_____或_____关系中的冲突。

（二）关系间的变化与冲突

当关系的_____时，会衍生出关系的变化或冲突，两人之间的冲突与失望就有可能产生。关系能否维持在美好的那一刻，考验的就是我们对冲突与失望的处理能力。

二、了解与接纳

家人的互动也会传递出不同层次的信息。

1. 语言的_____：每个人在解读语言的意义时，会受自己_____影响。

2. 语言的_____。

3. 语言的_____：家人在面对当下的沟通时，会_____地进入许多过去的互动经验与方式之中，有时会不知不觉地陷入"战争"状态。

三、健康的沟通

★ 清晰一致的沟通是健康家庭不可或缺的。清晰一致的沟通是指心里的想法和所_____是一致的，也包含

与 ＿＿＿＿＿＿＿＿＿＿＿＿＿＿、 ＿＿＿＿＿＿＿＿＿＿＿＿＿＿和

＿＿＿＿＿＿＿＿＿＿＿＿＿＿一致。

★ 四种导致沟通困难的模式，说话者将侧重点分别放在自我、他人和情境上。

（1）指责型：很少看到＿＿＿＿＿＿或＿＿＿＿＿＿，只关心自己。

（2）讨好型：将目光聚焦在他人身上，很少看到＿＿＿＿＿＿。

（3）超理智型：只重视情境，不关心＿＿＿＿＿＿＿＿＿＿＿＿或

＿＿＿＿＿＿＿＿＿＿＿＿＿。

（4）打岔型：不重视＿＿＿＿＿＿＿＿＿＿＿，只重视他人与情境。

★ 时间结构有六个层次：

1. ＿＿＿＿＿＿＿活在自己的世界，没有人际互动。

2. ＿＿＿＿＿＿＿出于礼貌与人打招呼、寒暄问候，很少参与人际互动与分享。

3. ＿＿＿＿＿＿＿分享一些与自己不相关的表浅的人、事、物。

4. ＿＿＿＿＿＿＿从事特定目标的互动，分享自己的感受或想法。

5. ＿＿＿＿＿＿＿带着无意识的防卫分享自己的感受或想法。

6. ＿＿＿＿＿＿＿坦诚面对自我，自由地分享自己的感受或想法。

四、培养情绪智商

（一）情绪智商——＿＿＿＿＿＿＿＿智力

★ ＿＿＿＿＿＿＿＿＿能力
与自己的感觉接触，接纳自己的感觉。

★ 情感与＿＿＿＿＿＿＿＿＿的能力

做情绪的主人。

能控制、排解、转换情绪。

★ ＿＿＿＿＿＿＿＿＿的能力

自信、乐观、乐在其中的忘我境界。

（二）情绪智商——人际智力

★ ＿＿＿＿＿＿＿＿＿他人的能力

能＿＿＿＿＿＿＿＿＿他人。

利他，设身处地为他人着想的能力。

★ ＿＿＿＿＿＿＿＿＿的技巧

自我情感＿＿＿＿＿＿＿＿＿，自我掌握与同理心。

洞察社交生态，能觉察与分析人际间的状态。

领导能力，善于建立彼此满足的互动关系。

解决纷争的协商能力。

　　家庭生活是群体生活，在这个群体中的每个人都不一样，不同的人有不同的想法、感觉与行为。有时候，并非是恶意或对立的状况，而仅仅是两个人不同而已。这种不同带来了生活中的激情与动力，但也难免因为这样的不同而产生失落与受伤。建设性的解决就是要清楚表达自己的想法与期待，也要听懂对方所传达的意思，多一点耐心，多一份体谅，多一些了解，就能够更加增强彼此的亲密感。

5 单元五

解决冲突

　　建立婚姻与家庭是一条"不归路"，我们只有选择爱、承担责任与面对困难，才能够得到幸福美满的结果。如果我们选择进入婚姻却仍想着单身有多美好，那么，我们就会把心力浪费在矛盾与纠结中。不幸的是，时间不会因为你还在思索就停滞，而我们停留在矛盾或逃避的处境越久，我们就累积了更多的功课甚至是垃圾，无形中也在累积未来的挫折与压力。然而，当我们选择直接面对时，就是在选择转换自己的想法，勇敢地挑战困难，努力沟通，解决冲突，我们就会经常清理生命中囤积的垃圾。当两人能够学习更多的自我认识、觉察与接纳，同时也更愿意认识、接纳对方，用心满足彼此的需要，化解冲突，愿意满足对方的需要时，我们就会在"关系"里成长。关系的深化会帮助彼此间的正向互动与情感建立。我们就能锻炼自己解决冲突的能力，也会减轻自己囤积的压力，让自己变得更轻松、更有活力。

一、面对冲突

冲突是生活中无可避免的事。然而，很多人都不想面对冲突，所以假装没有冲突。或者我们因为讨厌冲突，所以采取逃避的态度不想学习如何面对冲突。最后，我们还是无法避免冲突的发生，结果我们变得只会导致冲突而不会化解冲突！化解冲突是身心成熟的表现，既然人际间无法避免冲突，那么我们最好的方法就是学习如何面对冲突，解决冲突。

（一）冲突的定义

冲突是因为双方的想法、观念、态度、感受或目标不一致，而导致双方出现矛盾，进而产生敌对感受。一般人会以为争斗或争论才是冲突，忽略了潜藏的冲突。有一些冲突可能是无声的或者是隐藏的。

冲突的定义

两个互相依赖的人，有不同的观点、兴趣或目标；察觉到彼此的观点不相容或相反时，或觉察到不足的回应时，冲突就产生了（Julia T. Wood，2003；Joyce Hocker & William Wilmot，2004）。

有的夫妻没有将这些冲突外显，只是彼此避开这些议题，不做深入讨论。在上一单元提到的彼此间的差异，表达方式的不同，或生长背景的不同带来的落差，如果没有适当的调整与处理，也可能造成潜藏的冲突。

人们一般都会认为冲突是有破坏性且会伤害或影响彼此间的关系。然而，冲突不一定会伤害人际关系，重点是我们在处理冲突时是采用建设性的解决方法或者是非建设性的解决方法。有人形容冲突像是双刃剑，可能造成伤害，也可能去除不好的毒瘤。冲突是一个持续互动的过程。每一次处理冲突的过程会让冲突化解、持续或者恶化。如果解决冲突的方法无法有效化解敌对，冲突就会持续。如果解决的策略可以得到有效的解决，有可能会让彼此的认识更深入、清晰。

冲突存在是因为对方颇为重要，所以当冲突发生时，就不容易放下。越想跟对方在一起，越容易产生冲突。如果你不在乎也就无所谓了。前面提到平时建立感情时的沟通以及处理事情时的沟通，现在要讨论冲突解决的沟通。分享式的沟通是关系建立与解决冲突的重要根基。处理事情的沟通强调言行一致，说的人要耐心地、清楚地讲，听的人要用心听，拿掉"过滤器"，以正向接纳的态度回应，这样会让彼此的开放区扩张。冲突时的沟通较为复杂，需要先处理情绪，检视自己的需求，通过沟通理解彼此的差异，最后才能协商共识。所以等到冲突时才沟通，需要更有耐性，也需要学习更多的技巧。

（二）家庭冲突

家庭冲突发生于两个不同成长背景与人生经历的人之间，他们生活在一个变动的环境中，共同面对与处理这个变化的历程。夫妻各自拥有不同的成长环境，各自有可能将自己在原生家庭的困难带入婚姻并投射在配偶身上，或者对配偶的回应过度敏感；也有可能因为自己的内在需求与外在表现不一致造成更大的误解。一个人的认知系统与另一个人的认知系统是不一样的。当落差过大时，有可能会造成一方感觉付出没有得到预期的回报，不公平的感受可能引发冲突。彼此过往的互动经验也会影响此时此刻对冲突的解读。当过去有不愉快的冲突经验时，可能会加剧冲突。例如：过去冲突时，一方经常将自己引发冲突的责任推卸给对方，不愿意为冲突负责。这样的经验会影响另一方对解决冲突的信心。

　　家庭的发展阶段会带来阶段转换的压力，这种压力包含可预期的或不可预期的。例如：小孩出生、教养与照顾重责、罹患慢性病或父母年纪老迈等生活上的种种压力。这些压力都可能引发处理观念、想法或需求的不同，当压力带来彼此间的不一致超过自己的预期时，双方都会感受到伤害。当伤害持续发生，焦虑会增加，如果没有适时地化解，彼此间的误解会更多。

　　冲突是关系必经的过程。前面也提过家庭是一个产生冲突的地方，为什么家庭会有冲突呢？因为家人都有高投入、高期待、高密度与高复杂度，所以容易产生冲突。而且家人还预期彼此要共同生活，希望力求找到自己可以获得满足的状态。夫妻间经常会产生冲突的议题包含：（1）彼此相处或独处的时间；（2）家务分工；（3）家庭财务；（4）夫妻性关系；（5）夫或妻的个人工作与家庭生活的平衡；（6）彼此的情感交流与沟通；（7）子女教养；（8）姻亲关系联结等相关议题。亲子之间也可能会产生冲突。例如：父母亲忽略自己要适当地行使权柄，而太早让孩子拥有过多的权力，孩子会误以为自己有很多的决定权，而轻视或忽略他所需要遵守的规范。父母亲的角色除了关爱、教导、指正，还有处罚；父母亲不该做的事是羞辱与过多的要求。如果父母的叮咛被解读为唠叨就需要澄清。解决冲突是因为有差异，要达成共识。

（三）认识自己的冲突模式

　　冲突通常给人一种压迫且不舒服的感受，很多时候，我们习惯避开冲突。因此，如何面对冲突也是人际关系中的重要一环。当我们不清楚自己或对方的冲突模式时，有可能会让关系中的危机在毫无心理预备的状况下引爆。因此，了解自己的冲突模式，可以让我们通过彼此的了解，及时修正不当的冲突解决方式。当冲突发生时，每一个人因应冲突的模式不同，我们从关系的合作到不合作以及目标的坚持到不坚持来分类因应冲突的模式，大致上可以分为：

★ 斗争型

较重视个人目标，但不看重与他人的关系。

★ 屈就型

与斗争型刚好相反，不坚持自己的目标与立场，极为看重彼此的关系。

★ 逃避型

不坚持自己的目标与意见，但也不看重与他人的关系。表面上像是不计较，但内心可能充满压抑或愤怒。

★ 妥协型

是一个机会或实用主义者，对于目标或关系只有一半的坚持与重视。其最大的好处是可以跟对方一起努力，达到目标。但也会带来价值的混乱与不信任的关系。

★ 伙伴型

是一种双赢的模式，既坚持自己的立场，也重视彼此的关系。这种类型的意见分歧是因为彼此不了解所导致的，所以会去处理并尊重彼此的感受与需要。

在关系中本来就会存在差异，每个人都会有不同的看法、需要、价值观或期待。这些不同确实有可能产生冲突，但是要面对生活的种种变化，适当的差异与分歧也是很好的挑战，让我们有机会澄清彼此的看法，有机会表达彼此间内心的关怀，有机会更加认识并接纳自己的不足，进而建立更良好的团队关系。重点在于我们如何去处理彼此间的不同或不协调，进而建设性地解决冲突。

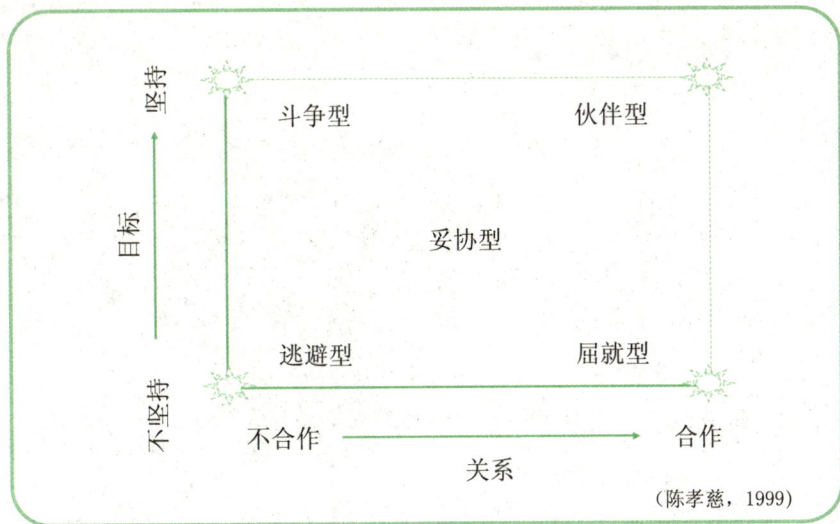

（陈孝慈，1999）

![house icon]

二、自我检视

在人际的互动中，每个人的期待不同，方式不同，我们需要认识彼此，才能够有更好的互动，才能建立彼此的信任关系。认知轮是一个简易的工具，它能帮助我们认识自己的想法、感觉与行为。它不只帮助我们认识自己，也帮助我们认识彼此间的差异。

（一）认知轮的内涵

我们在经历一个事件之后，通常很快会通过感官接收到信息，随即出现行动，但是我们的感官到行动之间，我们的各个系统都已经开始启动了。例如：我看到小孩跌倒了，马上就过去安抚他。在我看到时，我的想法、情绪与需求是同时出现的，只是我们大多时候都是感官接收信息之后，马上就有了行动，想法、情绪或需求都被忽略了。

认知轮

感官
我听到、看到什么？

行为
（过去、现在）我做过什么？
（未来）我要做什么？

想法
我的想法是什么？

事件

需要
我的需要是什么？
自己、他人与我们

感受
我的感受是什么？

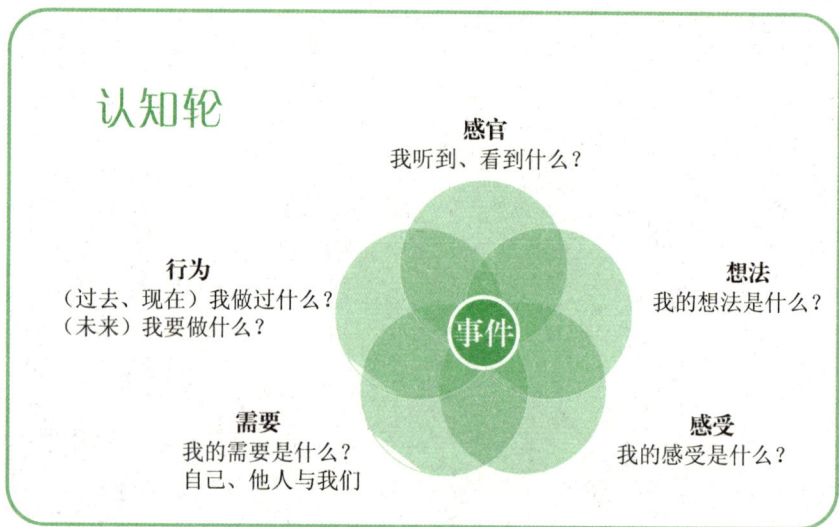

如果我们有机会仔细认识自己的认知轮，可以帮助我们理解自己到底发生了什么事情。认知轮包含五个部分，每一个部分都是独立但又相关的，而且每个部分都蕴含着相当丰富的自我的内在信息。

★ 感官

我听到、看到、摸到或是直觉的信息。它包含语言、非语言或是环境的相关信息。

★ 想法

当我的感官接收到信息，我的想法是什么？想法包含：（1）信念。在过去成长经验中根植于自己内在的观点，包含对自己或对他人的观感。（2）诠释。当信念进入情境中，诠释就接着分析当下的状况。比如：看到孩子回家在看电视，没有做功课，妈妈的信念是觉得孩子刚放学该轻松一下，爸爸则认为孩子没有把握时间。（3）期望。想法也包含期望，对未来有自己的期待，希望这个期待可以实现。

★ 感受

感受是人处在环境中受感官、想法或需要的刺激而自然产生的生理反应。没有好坏或对错，所以我们不需要否定、回避或不认同任何的感受。如果我们不在意或忽略自己的感受，那么就有可能忽略某部分的自己。因此我们要学习将感受视为一种信息，并学会感受，运用感受，重点是我们能够适当地管理自己的情绪。我们可以参考前面已讨论的情绪。

★ 需要

需要是期待与需求，也是驱动人的重要力量。这里所谈的需要包含三个方面：（1）自我的需要，即我的需要。（2）他人的需要，也就是我站在对方的立场去思考他的需要。（3）关系的需要，焦点是放在考虑我们共同的需要。

★ 行为

行为是我们决定对感官、想法、感受及期望的回应方式。我们可能做出一些行为，却没有注意自己行为带来的影响。但是，不管我们有没有注意到这种影响，这都是我们的决定，也就是我们需要为这种决定、这种行为负责。因此，当运用认知轮时，我们可以回顾自己过去或现在的行为，通过对认知轮的各个面向的思考之后，思考自己未来的行为有没有不同？因为，这是我们的决定，也是我们的责任。

（二）认知轮的运用

上天造人是很精细的，我们通常看到一件事就马上行动，但我们忽略了在行动的背后是有很复杂的想法与情绪的。我们做事前需要三思而后行。因为如果没有厘清自己要做什么，我们可能做了跟原来预期的目标背道而驰的行为，而回头来看却相当懊悔。不知道大家有没有相同的经验，身为父母的你，因为孩子犯了一个小错，而将他毒打或臭骂一顿，事后很后悔。

现在举一个亲子互动的例子来说明认知轮的运用。有一个很尽责的妈妈，她很希望将自己的孩子小明教育成为一个人见人爱的小孩。妈妈在小明念幼儿园中班时，觉得孩子开始有更多的人际互动，需要教他跟别人互相合作。因为妈妈有这样的想法，所以当妈妈与小明从外面进家门时，妈妈跟小明说："小明，请你帮我收鞋子。"小明很认真地看着妈妈，用颇为严肃的口吻说："妈妈，自己的鞋子自己收！"此时身为妈妈的反应会如何呢？

认知轮的概念是当一个人的感官（眼睛看到、耳朵听到……）接收到信息时，我们马上就有行为出现。然而，当我们仔细思考后，我们会发现在我们行为的背后是有脉络可循的。当我们的眼睛看到某种东西时，马上会出现想法也可能会出现情绪，但因为情绪的出现通常比想法快，以至于不易觉察。所以，认知轮先列出想法，从想法来看情绪。

当妈妈听到小明的回答时，妈妈可能会出现两个或三个以上的正向或负向想法，每一个想法都会伴随着至少一种情绪。妈妈的第一个想法是："以前我妈妈叫我收鞋子，我怎敢不收？我怎么教出一个这么不顺服的小孩！"此时妈妈的情绪可能是充满挫折的。妈妈的第二个想法是："他怎么学得这么像，我叫他收玩具时也是这么说的！"此时妈妈的情绪可能是感觉好玩、有趣。妈妈的第三个想法是："可是，我希望他学会跟别人合作啊！"此时妈妈的情绪可能是焦虑的。因此，我们会看到妈妈每一个想法的背后都伴随着一种情绪。当我们的想法是正向时，我们的情绪也会是正向的；当我们的想法是负向时，我们的情绪也会是负向的。所以，平时训练自己正向思考可以让自己经常生活在乐观之中。

当妈妈厘清自己的不同的想法后，她最需要的是认真评估自己的需求是什么？妈妈的需求是希望教导小明学会跟别人合作，那么妈妈就需要去思考怎样的行为可以帮助小明知道如何跟别人合作。当妈妈清楚自己的目标之后，她就会知道自己不可能用责骂小明的方式让小明跟别人有好的合作关系。

面对冲突的反应（态度）

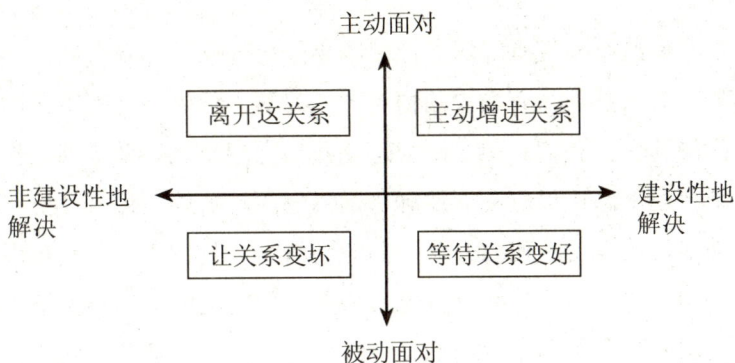

主动面对

离开这关系　　主动增进关系

非建设性地
解决　←————————————→　建设性地
解决

让关系变坏　　等待关系变好

被动面对

我们可以检视一下，当自己面对冲突时，通常会怎么做？包含主动面对，被动面对，建设性地解决，非建设性地解决。

三、情绪的变化

冲突并非外在意见分歧或差异的问题，而是个人内心的问题。因此解决冲突的诀窍并非急着去解决对方的问题，或抓着对方理论或处理；而是先让自己暂停，整理与沉淀情绪，让自己回到最佳的状态，才能让冲突得到建设性的化解。因此在处理冲突时，首先要处理的是自己的情绪。我们在解决冲突前，需要先认识自己情绪的变化。

情绪是人与人建立亲密关系的必要元素。情绪是感受、情感和心情的统称。情绪每时每刻都在不断地变化，且由大脑神经系统主导。情绪比语言来得更快。在人际互动中，情绪能不断提供人际互动的信息给我们，我们的每一个行动或表现都反映出我们对某人、事、物的内在感受。因此，我们可以透过情绪反应来厘清我们的内在需要与期待。

情绪原本没有好坏之分，因为愉快的感受让我们感受到盼望与喜乐，有人以为只有愉快的情绪才是好的。但是，让人不安的感受可以提醒并保护我们。例如：愤怒让我们觉察自己已经受到了伤害，要保护自己；恐惧提醒我们要赶快远离危险。所以，每一种情绪都有它的功能，重点是我们要分辨我们的情绪是否是健康的，是否真实地反映了当下的情境。情绪反应能带来更多的问题，不但不能解决问题，还会引发更多的困难。我们将情绪分为真实的感觉和扭曲的感觉。真实的感觉是我们在小时候还没有学会照别人的意思来表达感觉时的感觉。扭曲的感觉是早期在家庭中不被允许的感觉，当小孩体验到某种感觉不被允许时，马上转换到被家人鼓励或允许的感觉。扭曲的感觉经常会掩盖真实的感觉。例如：在我们的文化中，男生不可以表现出脆弱的一面，所以跌倒了不可以哭，如果哭了会被别人取笑。因此，男性在情感受伤时，不会表达哭，可能会用生气来表达。

因此，我们会发现当面对一个事件时，可能所表现的情绪并非我们真正的情绪，而是在成长的过程会衍生或分化出更复杂的情绪。从小到大的人际互动让我们学习到哪些情绪可以表达，哪些情绪不能表达，或者某些情绪可以换个方式表达，因此，我们发展出更多适应环境情绪表达的方式。有时候，我们会掩盖自己原来的情绪，改由其他的情绪来表达，这样的情绪会导致误判。例如：当男孩难过时，因为成长的经验不允许他表达出难过所以他用生气来表现。他的家人因为"他很生气"而感到困惑，甚至远离他，这样的情绪反应会让身旁的人无法实时响应自己的需求。因此，我们要学习辨识自己的情绪与情绪类别，同时要学习正确的表达，避免造成人际间的误解；我们要学会去辨识自己真正的情绪，而不是以防卫或扭曲的情绪来表达。

每一个人都有情绪，情绪是我们的好朋友，它告诉我们一些环境刺激的信息。我们要觉察自己的情绪，并接纳自己的情绪。情绪是有意义的，也是有力量的，我们不是要受情绪的掌控，而是要知道如何去掌控与表达情绪。

（一）情绪水库

我们的情绪就像水库里的水一样会累积。如果没有觉察，未适当地宣泄情绪，有可能导致情绪过度高涨，最后因为一点点小事而导致情绪失控。

例如：两个孩子的爸爸文生因为最近工作压力较大，心里烦闷。刚开始时他将这些不舒服的情绪压抑下来。但是在他的情绪水库中已经装了三分烦躁的情绪。下班前，发现自己一天的忙乱之后，仍累积了一堆的工作没做完，就已经累得没有力气了。文生这时烦躁的情绪又增加了三分，情绪水库已经累积到六分了。无奈还得回家接送小孩，途中碰到大堵车，时间快要来不及了，文生想到还要因迟到看到幼儿园老师不悦的脸色，心里的不舒服情绪已经累积到八分了。好不容易接了小孩回家，看到家里乱七八糟，妻子问他怎么这么晚回家。文生再也控制不住自己烦躁的情绪，和妻子大吵一架，说了一堆对这个婚姻失望，对妻子不满的批评与指责。甚至晚饭也没有吃，把门"砰"的一声关上，文生就出去了！

类似这样的例子，在我们的生活中是否偶尔会上演呢？如果在平时，文生心情不错时，可能回到家会帮忙整理一下杂乱的房子，毕竟妻子要照顾两个小孩，要整理家务，真的不容易！文生平时碰到堵车，也会回家跟妻子诉说交通的拥堵，更何况妻子今天只是随口反映实际的状况而已。但是，这次为什么会这么失控呢？是妻子口气很不好吗？事实上，文生的情绪失控只不过反映了文生没有适当觉察自己的情绪，没有管理好自己的情绪水库，让情绪不断累积最后造成决堤的后果。

情绪是我们内心的警讯，能显露出我们内心的问题。如果我们压抑或忽略自己的情绪，这对冲突的化解并没有帮助，没有正视问题，不容易找到对症下药的解决方法。结果是我们的情绪更加波涛汹涌，陷入更多的负面情绪中。当我们学会觉察自己与他人的情绪时，我们就能正视自己的恐惧、不安与愤怒。那么，我们就更能掌握自己的情绪，而非被情绪掌控。

（二）情绪温度计

我们的情绪像温度计一样，当情绪不断累积时会对我们的身心产生各种影响。特别是负面的情绪，有可能会导致我们处于个人身心与人际冲突的困境中，所以我们需要随时检视自己的情绪温度计。

安全区：当情绪处于安全区时，我们处于情绪稳定的状态。这种稳定的状态可以帮助我们理智面对问题，正向思考，善用自己的情绪适当地表达进而帮助我们在人际上的互动，让他人能够了解我们的感受，也能在人际互动上设定适当的界线。情绪能够提高我们对工作、学习的兴趣，让我们更专注在有兴趣的事物上。

警戒区：当情绪升高到警戒区时，能帮助我们发现自己正处于某种压力或状态下。情绪不只是一种感觉，它更是一种信号，告诉我们对外在环境所产生的反应。当我们的情绪升高时，不要刻意地压抑或忍耐，而是要试着了解原因，并适当地排解或处理，避免情绪过度累积而失控。此时，可以跟自己做一些对话，也可以运用我们所提到的认知轮觉察自己的情绪："我是怎么了？""我情绪背后的想法是什么？""我的想法是合理的，还是不合理的？""我的需要是什么？"

危险区：当情绪处于危险区时，容易造成情绪失控，从而带来更大的负面影响。所以，此时不适合做出任何决定或采取任何行动，应先用各种方式让自己的情绪降温。我们可以做的事情有：

★ 调整自己的身体。如深呼吸、喝水或起身到另一个空间。

★ 转换情境。如听音乐或演讲，逛街买东西，骑脚踏车，游泳等。

★ 寻找纾解的途径。如找人聊一聊，写信给朋友，看励志的电影等。

情绪与理性往往是相对的。如果情绪高涨，理性就下降。过高的负面情绪需要适当的宣泄、纾解，这样才能有足够的理性来思考要如何面对压力。因此，父母亲如果处在很高的负面情绪状态时，因为理性不足，可能会失控而伤害小孩，所以此时不宜管教小孩。

我们用情绪温度计来思考情绪的高低与教育的艺术，随时检视自己的情绪状态。当情绪处于安全区时，可以对情绪的表达设界线；当情绪处于警戒区时，需要进行细心的自我检视，反思自己发生了什么事；当情绪处于危险区时，需要停下来，看看自己，听听自己内心的声音，这样才能够建设性地解决冲突。建设性地解决冲突，学习做一个情绪智商高的人觉察自己的情绪，适当分享自己的情绪，也能觉察他人的情绪。做自己情绪的主人，不单单是控制情绪，还需要排解情绪。

情绪的强度

安全区	警戒区	危险区

四、解决冲突

前面谈何时进行沟通时提过，平时的分享是最大量"存款"的沟通方式，如果等到冲突时才沟通，就有更多的问题需要处理，且需要好的情绪控制与沟通技巧。因此，当冲突发生时，前面所提到的情绪的变化，认知轮的觉察与运用都是很好用的工具。要帮助自己恢复良好的状态，先要将自己被搅乱的思绪与心情整理好，才有助于建设性地解决冲突。现在，我们来探讨解决冲突的三个重要步骤。

★ 一颗愿意的心

当冲突发生时，很重要的是先处理自己的情绪，觉察自己情绪的温度计，给高涨的情绪降温，恢复理性，回归最佳状态。然后反思这个过程中，发生了什么事，问题的原因在哪里？有过什么激烈的言语？可以用认知轮来帮助自己觉察自己的感官接收到了什么信息，辨识这些信息带来的想法与感受，分辨自己想法的合理性。我们可以思考我和对方有什么意见不同？我和对方的自尊是否被伤害？我在这个事件中是否加入了过去的经验？其中，很重要的是，我们要学习将对方的责任还给对方，将自己的责任承担起来。也就是通过回想过程肯定自我的价值，但也通过反省，将自己的错误指认出来，勇敢地面对自己该负责的部分。

★ 反思自己与对方的需要

当经过一番觉察与自我检视之后，我们需要进一步探索自己的需要、对方的需要以及彼此关系的需要。在这个过程中，很重要的是面对自己的需要，设定对此关系的目标。在家人的关系中，如果只看到自己的需要是不够的，我们可能因为太多地聚焦在自己的需要上而忽略了对方以及双方关系中的需要。要让彼此的需要得到满足，很多时候要放下自我，用更多的爱与包容来面对，才能看到对方的需要，进而顾全彼此的需要。这个过程需要克服自己对被伤害或拒绝的恐惧，需要学习真正的谦卑——愿意站在对方的立场满足对方的需求。

★ 勇敢面对问题

解决冲突要有一定的心理预备，有时候需要经过一些历程，可能无法马上达到自己心中所期待的结果，解决问题还需要时间，并非我愿意改变，一切马上会变好。破坏容易，重建难。所以，勇敢面对的首要条件是要有耐心，给予合理的预期，能够理性地面对冲突。前面提过当冲突发生时，通常面临复杂的局面。有些冲突甚至需要通过第三人协助处理。然而，不管是哪一种方式，解决冲突时，彼此要有机会诉说自己的感受，也要有机会倾听对方的心理历程与创伤。此时，同理是很重要的态度。当对方的情绪被接纳，两人的冲突就会降温不少。彼此要为自己的行为道歉，也要接纳对方的道歉，进而宽恕对方。然后愿意基于尊重与合作的态度，彼此协商建立共识。这样的协商可能需要来来回回的讨论，如果过于草率或简便行事，可能会导致更多的误会。

学习面对冲突是让关系回到亲密关系的重要历程。学习面对冲突可以帮助自己掌握自己的情绪，在情绪失控的时候，让自己成为情绪的主人。可以控制、掌握、转换情绪，我们会感受到得胜的喜悦，我们会发现自己是如此自由。学会化解冲突，彼此会重新回归亲密关系。

关系要经营得好，就需要知道如何化解冲突。小冲突发生时要学会如何解决，大冲突发生时要知道该如何面对。平时养成在关系中清理垃圾的习惯，学习面对小冲突，协商共识，重新修复关系是很重要的练习。如果将冲突搁置不管，或假装它不存在，那么，我们就是在自己的内心与人际关系中堆积垃圾，这些垃圾会影响自己的身心健康，也会腐蚀我们的人际关系。冲突的发生让关系的警示灯亮起来，让我们知道与他人的关系开始出现问题了，帮助我们进一步澄清自己与对方的需要，这有助于我们挪开生活中的障碍物，重新回归亲密的生活。

然而，化解冲突需要学习，也需要练习。站在为自己好，也为对方好的双赢的角度，有效地化解冲突，就可以让冲突从粪土变黄金，成为关系成长的养分。

单元重点摘要

一、化解冲突是身心成熟的表现，面对冲突，我们要学会找到解决冲突的方法。

二、冲突是因为双方的想法、观念、态度、感受或目标不一致，而导致双方出现矛盾，进而产生敌对感受。冲突不一定会伤害人际关系，重点是我们在处理冲突时是建设性地解决问题还是非建设性地解决问题。

三、家庭冲突发生于两个不同成长背景与人生经历的人之间，他们生活在一个变动的环境中，共同面对与处理这个变化的历程。引发冲突的因素包含：（1）个人将自己在原生家庭的困难投射在配偶身上；（2）个人感觉付出没有得到预期的回报，感受到不公平；（3）过往的经验会影响彼此对冲突的解读。

四、家庭的发展阶段会带来阶段转换的压力，这种压力包含可预期的或不可预期的。当压力超过自己的预期时，双方都会感受到伤害或压力。

五、了解自己的冲突模式，可以让我们通过彼此的了解，及时修正不当的冲突解决方式。

（1）斗争型：较重视个人目标，但不看重与他人的关系。

（2）屈就型：与斗争型刚好相反，不坚持自己的目标与立场，极为看重彼此的关系。

（3）逃避型：不坚持自己的目标与意见，但也不看重与他人的关系。表面上像是不计较，但内心可能充满压抑或愤怒。

（4）妥协型：一个机会或实用主义者，对于目标或关系只有一半的坚持与重视。其最大的好处是可以跟对方一起努力，达到目标。但也会带来价值的混乱与不信任的关系。

（5）伙伴型：一种双赢的模式，既坚持自己的立场，也重视彼此的关系。这种类型的意见分歧是因为彼此不了解所导致的，所以会去处理并尊重彼此的感受与需要。

六、认知轮帮助我们认识自己的想法、感觉、需要与行为，也帮助我们认识彼此间的差异。

七、情绪不断提供人际互动的信息，我们的每一个行动或表现，都反映出我们对某人、事、物的内在感受。每一种情绪都有它的功能，要分辨情绪是否健康，要看它否真实地反映当下的情境。情绪像水库的水会累积。觉察并适当地宣泄情绪，可避免因情绪过度高涨而引发的情绪失控。

八、解决冲突的三个重要步骤

一颗愿意的心。学习将对方的责任还给对方，将自己的责任承担起来。指认自己的错误，勇敢地面对自己该负责的部分。

反思自己与对方的需要。放下自我，用爱与包容去发现对方的需要，进而顾全彼此的需要。真正的谦卑——愿意站在对方的立场满足对方的需求。

勇敢面对问题。解决冲突时，用同理的态度诉说自己的感受，也倾听对方的心路历程与创伤。此时，同理是很重要的态度。彼此为自己的行为道歉，也要接纳对方的道歉，进而宽恕对方。基于尊重与合作的态度，彼此协商，建立共识。

思考花园

♥ 课程目标

1. 帮助学员认识冲突的历程。
2. 提升学员对冲突的觉察能力。
3. 提升学员对冲突的解决能力。

♥ 前　言

　　建立婚姻与家庭是一条"不归路"，我们只有选择爱、承担责任与面对困难，才能够得到幸福美满的结果。当我们选择面对时，就是在选择转换自己的想法，勇敢地挑战困难，努力沟通，解决冲突，我们就会经常清理生命中囤积的垃圾。学习更多的自我认识、觉察与接纳；同时也更加愿意认识、接纳对方，用心满足彼此的需要，化解冲突，愿意满足对方的需要，我们就会在"关系"里成长。关系的深化会帮助建立彼此间的正向互动与情感。我们就能锻炼自己解决冲突的能力，也会减轻自己囤积的压力，让自己变得更轻松，更有活力。

一、面对冲突

（一）冲突的定义

冲突是因为双方的想法、观念、态度、感受或目标＿＿＿＿＿＿
＿＿＿＿＿＿＿，而导致双方出现矛盾，进而产生＿＿＿＿＿＿＿＿。

争斗或争论是＿＿＿＿＿＿＿＿＿＿＿＿＿＿＿＿＿＿＿＿＿＿。

无声或者没有表现出来的＿＿＿＿＿＿＿＿＿＿＿＿＿＿＿冲突也
是冲突。

冲突＿＿＿＿＿＿＿＿＿＿＿＿＿＿会伤害人际关系，重点是我们
在处理冲突时是采用建设性的解决方法或者是非建设性的解决方法。

（二）家庭冲突

家庭冲突发生于两个＿＿＿＿＿＿＿＿＿＿＿＿＿＿＿的人之间，
＿＿＿＿＿＿＿＿＿＿＿＿＿＿＿与处理这个变化的历程。引发冲突的
因素包括：

1. 个人将自己在＿＿＿＿＿＿＿＿＿＿的困难投射在配偶身上。

2. 自己的＿＿＿＿＿＿＿＿＿与＿＿＿＿＿＿＿＿＿＿＿不
一致。

3. 付出却没有得到＿＿＿＿＿＿＿＿＿＿＿＿＿的回报，感
受到不公平。

家庭的发展阶段转换带来的压力，这种压力包含＿＿＿＿＿＿
＿＿＿＿＿＿＿或＿＿＿＿＿＿＿＿＿＿＿＿＿的压力。彼此间
的不一致超过自己的预期时，双方都会感受到伤害或压力。

（三）认识自己的冲突模式

了解自己的冲突模式，可以让我们通过彼此的了解，及时修正不当的冲突解决方式。

_____：较重视个人目标，但不看重与他人的关系。

_____：不坚持自己的目标与立场，极为看重彼此的关系。

_____：不坚持自己的目标与意见，但也_____与他人的关系。

_____：对于目标或关系只有_____坚持与重视。

_____：是一种双赢的模式，既坚持自己的立场，也重视彼此的关系。

二、自我检视

（一）认知轮

我听到、看到、摸到或是直觉的信息。

感官接收到信息，我的想法是什么？想法包含：

（1）信念。在过去_____中根植于自己内在的观点，包含对_____或对_____的观感。

（2）诠释。当信念进入情境中，诠释就接着_____当下的状况，

（3）感受。感受是人处在环境中受感官、想法或需要的刺激而自然产生的_____。

（4）需要。需要是_____与_____，它有三

个面向：

　　a.＿＿＿＿＿＿＿＿＿＿的需要。

　　b.＿＿＿＿＿＿＿＿＿＿的需要。

　　c.＿＿＿＿＿＿＿＿＿＿的需要。我们＿＿＿＿＿＿＿＿的需要。

（5）行为。行为是我们＿＿＿＿＿＿＿＿对感官、想法、感受及期望的＿＿＿＿＿＿＿＿方式。

活动与反思：

回想一个事件，也许是与家人有冲突且待解决的事件，检视当此事件发生时，自己的想法与情绪，有哪些正面与负面的想法？接下来思考彼此的需要是什么？应该如何做？

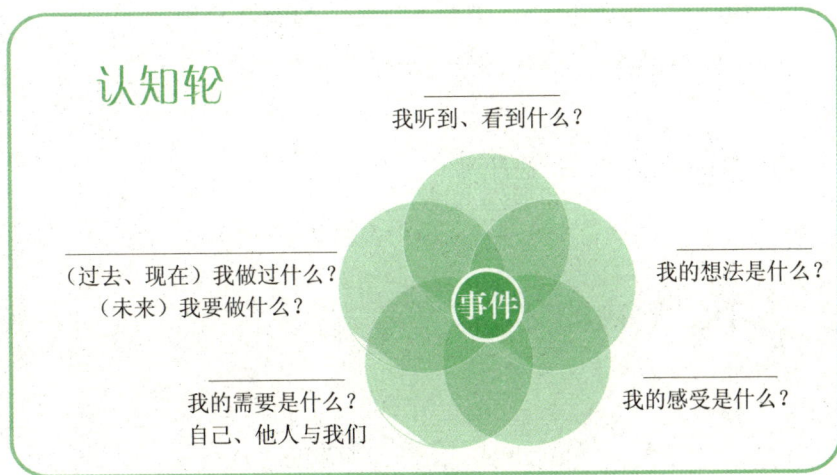

认知轮

＿＿＿＿＿＿＿＿
我听到、看到什么？

＿＿＿＿＿＿＿＿＿＿＿＿
（过去、现在）我做过什么？
（未来）我要做什么？

＿＿＿＿＿＿＿＿
我的想法是什么？

事件

＿＿＿＿＿＿＿＿
我的需要是什么？
自己、他人与我们

＿＿＿＿＿＿＿＿
我的感受是什么？

三、情绪的变化

情绪是人与人建立亲密关系的必要元素。

在人际互动上，情绪不断提供信息引发行动与表现，这些行为都反映出我们对某人、事、物的内在感受。

每一种情绪都有它的功能，要分辨情绪是否是健康，要看是否＿＿＿＿＿＿＿＿＿＿当下的情境。

情绪像水库的水。觉察并适当地宣泄情绪，可避免因情绪过度高涨而引发的情绪失控。

随时检视自己的情绪温度计，当情绪处于：

＿＿＿＿＿＿＿＿时，是我们处于情绪稳定的状态。

＿＿＿＿＿＿＿＿时，它能帮助我们发现自己正处于某种压力或状态下。

＿＿＿＿＿＿＿＿时，易造成情绪失控，从而带来更大的负面影响。

用情绪温度计来思考情绪的高低与教育的艺术，随时检视自己的情绪状态。当情绪处于安全区时，情绪的表达可以＿＿＿＿＿＿＿＿；当情绪处于警戒区时，需要进行细心的自我检视，＿＿＿＿＿＿＿＿＿＿＿＿发生了什么事；当情绪处于危险区时，需要＿＿＿＿＿＿＿＿＿＿，看看自己，听听自己＿＿＿＿＿＿＿＿＿＿＿＿，这样才能够建设性地解决冲突。

四、解决冲突

★ 一颗＿＿＿＿＿＿＿＿的心

愿意建立＿＿＿＿＿＿＿＿。

愿意＿＿＿＿＿＿＿＿对方与自己的不同。

愿意＿＿＿＿＿＿＿＿维系关系可能面对的困境。

愿意的程度＿＿＿＿＿＿＿＿关系的深度。

学习将对方的责任＿＿＿＿＿＿＿＿＿＿＿＿，将自己的责任_____。指认自己的错误，勇敢地面对_____的部分。

 ★ _____自己与对方的_____

  了解并接纳_____的需要。

  了解并尊重_____的需要。

  承担_____的责任。

  了解自己与对方的_____。

  针对此时此刻_____解决。

  放下自我，用爱与包容去看到_____，进而顾全彼此的需要。真正的_____愿意站在_____的立场满足_____。

 ★ 勇敢_____问题

  _____的面对冲突。

  多_____让对方了解。

  _____对方的需要。

  _____出共同可以接纳的方式。

  解决冲突时，用_____诉说自己的感受，也_____对方的心理历程与创伤。为自己的行为_____，也接纳对方的道歉，进而_____对方。基于尊重与_____态度，彼此_____，_____。

学习面对冲突是让关系回到亲密状态的重要历程。如果将冲突搁置不管，或假装它不存在，那么，我们就是在自己的内心与人际关系中堆积垃圾，这些垃圾会影响自己的身心健康，也会腐蚀我们的人际关系。冲突的发生让关系的警示灯亮起来，让我们知道与他人的关系开始出现问题了，帮助我们进一步澄清自己与对方的需要，这有助于我们挪开生活中的障碍物，重新回归亲密的生活。

6 单元六

逆转胜

关系是一种投资，它有一个很特别的地方，那就是关系如果中断，所有的投资都回不来了，血本无归！以婚姻为始所建立的家庭就是这样一种关系的写照。人生不可能回头，生命的岁月让我们从稚嫩到成熟，然后慢慢衰老。婚姻的结束为何多数是创伤，因为年华不再，因为生命不能再重来一遍，因为做错的事都得付出代价，而婚姻到最后常常不仅仅是两个人的事，还会牵扯更多的人。在关系的历程中，我是要像溜滑梯般地一路认输，还是要放手一搏，从逆境中找到新的出口呢？

关键在于——"自己的选择"。

进入关系后，我们要学习的不只是照顾好自己，而且要扩展自己的能力。除了将自己照顾好，还要将身边的人照顾好，这样我们就可以一起快乐同行。当我们进入一种关系却还在怀念独善其身的自由时，我们就进入了矛盾与纠结的隧道中，直到我们学会放下自己，学会分享与合作，学会用心善待身边心爱的人，我们就会穿过隧道，享受关系带来的满足。

谦卑是让我们学习放下自己，看到他人的需要。温柔的付出让原来在美丽爱情中的爱不断滋生。所以，当我们在关系中越谦卑，越愿意付出，我们就越有机会让爱不断成长，让我们获得满足的关系。

一、家庭压力

家庭压力理论

希尔的"ABC-X"模式：（Hill, 1949, 1951, 1958）

A. 压力源：产生家庭压力的事件 （EVENT）

　　——可预期的或不可预期的压力

B. 家庭处理事件时的资源（RESOURCES）

　　——个人资源

　　——家庭系统资源

　　——社会支持体系资源

C. 家庭对事件的定义或认知（PERCEPTION）

X. 经由A与B和C的互动之后，所产生的压力程度或危机（CRISIS）

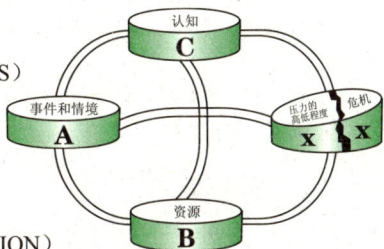

图中标注：认知 C、事件和情境 A、压力的高低程度 X、危机 X、资源 B

　　变化会产生压力。人们在生活中经常要面对许多的变化。家是一个有机体，它会随着时间成长与变化。回想一下，前面提过的家庭生命发展，从新婚期、育儿期、空巢期到老年期，每一个阶段都有要面对的重要任务，也要面对不同的变化。以育儿期为例，孩子从出生、走路、上小学到青少年都是在不断变化的，家中的每一个成员，不管年龄有多大，每天也都在变化中，每一个人都带着自己的变化，与其他变化中的家人互动，碰撞出更多的变化。这些变化就会产生压力。因此，我们每一天都在面对自己的、家庭的以及家庭以外的世界所带来的压力。家庭不是一个封闭的系统，除了其内部的变化，也会因受到外界刺激而产生变化。即使不想变，我们也会因为大环境的改变而跟着改变。仔细观察我们的生活会发现生活充满了许多变化，文化会改变，政策会改变，我们自己也会随着年龄而改变。改变会带来或大或小的压力，因此，我们需要学习与压力共处。在压力环伺的生活中，你是忍受它，还是将它视为挑战呢？不管你用什么方式面对它，它都会存在。但你曾想过压力也会为你带来一些生活的养分吗？当你学会从压力中吸收生活的养分，你会发现自己不再一样了。

我们从上面的家庭发展可以看到家庭所要面对的问题是复杂的，我们每一天都会面临不同的压力。那么，是不是所有的压力事件都会变成危机？有可能！但不是全部的压力都会变成危机。我们不可能逃避压力，唯一可以做的是面对它。但是，如何掌握压力，而不是被压力压垮，甚至让压力变成生活中的成长机会。家庭压力理论，让我们看到在面对压力时，有哪些事情会影响压力并使之产生变化。

★ 压力事件

压力事件的大小、预期与非预期都会影响压力的严重程度。然而，我们会发现有些人面对离婚可以很快地走出阴霾，有些人却从此一蹶不振，原因在哪里呢？我们很快会发现，除了事件的压力，还有另外两个因素影响着压力是否会转变成危机的关键因素。

★ 资源

资源是指在面对压力事件时可以运用的资源，包含个人、家庭与社会支持系统。当一个人面对婚姻挫折时，自己有足够的经济能力与心理调适能力，家人都愿意支持陪伴她，社会也普遍接受婚姻失调的现象，那么当事人要度过这个困境会较容易一些。

★ 认知

面对压力时个人或家庭对压力的想法与信念会影响其对压力的承受度。当个人认为，配偶在婚姻中的恶意批评是他不懂得珍惜，自己不需要随之起舞，未来最重要的是照顾好自己时，这样的认知会帮助她很快地度过婚姻失调的创伤和婚姻挫折所带来的压力。

★ 压力时间的长短

压力事件持续的时间会影响家庭对压力的看法、身心的负荷以及拥有资源的多寡。当压力持续的时间过长，如长辈卧病在床多年，可能会导致家人身心负荷过于沉重。资源也可能产生短缺或不足的状况。长时间的压力也会改变家人对事情的认知，有可能因为失去盼望感，而让压力更加沉重。因此，压力会影响家庭资源的运用、认知与身心。有的可能因时间延长导致恶化，有的可能因时间延长而找到正向转换的经验，进而得到改善。筑爱的服务，就是希望帮助个人在面对压力事件时，能够有建设性的认知，平时就建立个人、家庭与社区的资源，当面临压力时，我们能够有好的因应方式。

二、当家庭处于逆境时

家人关系建构很重要的根基是承诺。因为家人关系持续的时间很长，互动很紧密，所以容易产生压力与冲突。家人关系经历变化，就像走过高山低谷一样，有时候可以欣赏美丽风景，有时候会觉得神清气爽，但有时会觉得辛苦难挨。除此之外，因为家也会受到家人以外的他人与社会环境的影响。例如：经济不景气，社会动荡不安等。如果没有承诺，我们都会觉得没有安全感去度过这些煎熬的时刻。但要记住，承诺更是在强调自我反思与自我要求。如果将承诺当作框架要求他人，就会导致关系的极度紧张。因此，承诺与情感有着密切的关系。

当我们的家人关系是建构在一个稳定的根基上，以合乎上天的心意许下承诺。这样的承诺可以帮助彼此在家庭的关系中面对各种不同的变化，不管是在顺境或是逆境，我们都能够因为这样的承诺而回转到当初为何要建立家庭的基础上。通过这样的根基，我们可以在对家人失望时，彼此有冲突时，重新调整自己的脚步，修复彼此的关系。

然而，如果一个家的建构只停留在承诺的根基上，虽能够让家稳固，但却少了家的温馨可爱。因此，除了坚定的承诺，家还需要爱来滋润、包容与接纳。爱就像是充斥在家庭中的香气，少了它，即使家人有好的沟通技巧，好的处理冲突的能力，但可能还是少了点温馨的气息。当爱注入时，它就像每个家的屋顶一样，隔绝冷空气、风雨、外来的昆虫，还可以美化房子。它虽不像根基一样，少了根基会带来危机，但是少了爱的屋顶，就会让人觉得这个家没有建成，感觉这个家少了什么！

婚礼只是揭开家庭生活的序幕，真正的考验是夫妻双方如何真正地生活在一起。我们常听说"相爱容易相处难"。要得到真正的幸福快乐，是需要不断地彼此相爱、彼此了解、彼此扶持、彼此宽恕，让关系不断地升温，且更愿意相依相许。当我们在面对许多困难和挫折时，开始想要只照顾好自己，防卫自己免于受伤，这时我们就会停滞在半路上，甚至我们会放弃追求幸福快乐的旅程。幸福快乐的结果是需要跨越困难、跨越失望，仍然愿意扶持对方、宽恕对方，持续的爱才有可能得到。

家庭发展阶段也提醒我们每一个阶段都有要面对的功课，这些功课都会带来压力，也可能会带来冲突。当冲突来了、困难来了，我们就不做功课了吗？事实上，如果你将所有的时间与心力都花在逃避上并且不想做功课，时间却不会停滞等你。你等于做出了让事情越变越糟，让人生陷入困境的选择。最后你还是得为没有好好做功课而付出代价。看起来像是没有做出任何选择，其实自己已经做了最差的选择还不自知。

● **当对方让我失望时**

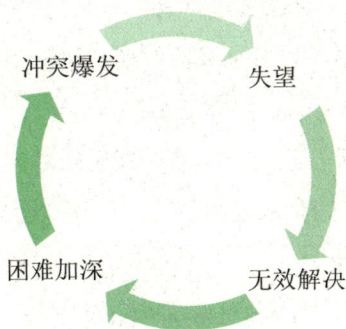

接下来我们要讨论的是,如果我已经努力面对我的问题,可是我的配偶仍让我觉得失望或者犯错了,我该怎么办?到底要用什么方式面对呢?我们的关系应该要如何做比较好?因为建立家庭成员互动含有高投入、紧密互动以及高复杂度等特殊性,所以总会出现我们的配偶让我们感到失望的时候。我们每个人进入婚姻都会带着三样东西送给对方:第一是对方很喜欢能接受的特质,第二是对方不喜欢但能忍受的特质,第三就是对方不喜欢也无法接受的特质。你不只要接受对方这三样东西,别忘了,你自己也同样带着这三样东西送给对方。

有些人将自己生命中未满足的渴望寄托在配偶的身上,当配偶无法满足他的这些渴望时就会感到很失望。配偶的角色不应该被定位为是为自己实现梦想的人。结婚不是要找一个可以满足自己渴望的人,而是因为自己愿意付出爱,要寻找一位与自己共创美好人生的伴侣。所以,当我们没有认清进入婚姻是要付出爱,而是希望对方满足自己时,我们看到对方的第三样特质时,都会觉得失望。但这不是因为他

当对方让我失望时

冲突爆发 → 失望

困难加深 ← 无效解决

婚姻是一个承诺,
不能分开!
我们要"相敬如冰"地
过一辈子吗?

做错了什么，而是我们的期待错误。

反思自己，当面对这样的状况时我们会做什么选择？

一位消防队的队长曾对他的下属说，在火场中无论如何都不能丢下自己的伙伴，因为他们是和你出生入死的人！在工作职场上他懂得激励自己的下属。然而，在婚姻中，当他的配偶表现不如他的期待时，他却轻易地丢下他的配偶。他忘了如果消防队员是与他出生入死的伙伴，那么他的配偶，岂不也是他当初承诺至死不渝要好好去爱的伴侣吗？

三、家庭韧力

前面提到家庭压力的调适，是要帮助我们从小压力开始调整，以面对更大的冲突。当我们可以处理大一点的冲突时，当危机发生时，我们就更有能力面对。近年来，有越来越多的学者对家庭韧力有更多的兴趣。家庭韧力是指一个家庭不只从创伤中修复，而且创伤激发了家庭的潜能，让他们生活得比以前更好。通过这种压力或创伤，家庭有机会厘清他们的困难，思考家庭的需要，进而更珍惜彼此的关系，因此他们活得比以前更精彩，更有活力。

培养和发展家庭韧力，是近年来在探讨家庭的健康程度时极其重视的议题。研究指出，拥有家庭韧力的三个关键因素如下。

★ 信念

同样的灾难发生，不同的信念会有不同的态度。正向地诠释灾难，会拥有正向积极的因应态度。为逆境创造意义与正向展望是很重

家庭韧力的关键

信　念	・了解逆境的意义 ・正向展望逆境 ・转化与灵性
组　织	・弹性，改变以求适应 ・连续，彼此支持合作与宽恕 ・经济资源与支持系统
沟　通	・清晰且一致的沟通 ・坦诚的情感分享 ・协同合作解决问题

要的。当逆境发生时，我们能否接纳这是人生难以避免的困境，且能正向展望，积极找出解决的方法。

★ 组织

家庭内的组织结构功能会影响家庭在面对困境时的调整能力。组织的功能有几个重要的面向：（1）弹性。采取弹性因应的家庭能更好地跨越困难。组织规则过于坚持甚至僵化，可能导致期待越固定，变通性越低。弹性是帮助适应环境很重要的韧力。（2）凝聚力。家人关系亲密面对困难时能迅速链接，彼此目标一致地合作，是逆境时的重要韧力。（3）资源。拥有足够的经济资源与支持系统的家庭在面对困难时能得到及时的协助。家庭本身对资源的接纳与开放也会影响资源可否发挥效能。愿意主动寻求协助的家庭较容易让协助的资源发挥效能。

★ 沟通

沟通是家庭韧力很重要的因素，因此我们在前面以大量的篇幅作了讨论。家人间彼此有清晰一致的沟通，能够坦诚地分享，愿意合作地解决问题，会强化家庭解决问题的能力。面对困境时，家人有可能因为压力而产生很大的情绪波动。平时良好的沟通能力与沟通方式能创造安全感，让家人可以拥有安全的空间，整理情绪，面对困难，整顿好自己重新出发。

家庭的生命发展历程，需要面对许多大大小小的压力。在压力中，难免陷入困顿，幸福美满的家庭一次又一次地渡过难关，结出更美的生命的果实。如果一个家没有足够的承诺来面对长久的生活是不容易的，且有了承诺也要有方法去面对，否则一直忍耐只会带给自己痛苦。

四、逆转胜的秘诀

每一个进入婚姻的人都期待幸福美满地过一辈子，很少人在结婚时就做好要离婚的打算。但很少人正视婚姻是一条承诺要不断付出爱的"不归路"。当一个人停止付出爱，转而保护自己时，他就注定要跌入失望的深渊。因为他会在要过一辈子的承诺但是却不满足中纠结。此时，他会问自己，我是要"相敬如冰"地过一辈子，还是放弃，还是继续努力挽回呢？

谁是最需要帮助的弱者呢？我们常以为弱者就是那些很贫穷，没有饭吃，没有父母爱的孤儿。但是，当我生气不想爱我的丈夫时，我会允许别的女人爱他吗？答案是不会的！我不想爱他，但是我也不允许别的女人爱他，那么我的丈夫岂不像那没有父母爱的孤儿一样，他需要在婚姻中孤独地承受寂寞吗？所以，当我们与配偶的关系不好时，别急着去关心遥远的弱势族群，不妨回家好好地爱自己的家人。

当父母彼此相爱时，我们就能够为孩子创造一个安全温馨的环境，让他可以安心健康地成长。

当配偶让我失望时，我就是在面对一个艰难的抉择。这时候我一定很想武装起来保护自己，但是如果这么做，我就远离了当初的承诺——承诺我们要一生一世，永浴爱河，白首偕老。如果我们没有警觉自己偏离原来的目标越来越远，需要我们回头时，我们就进入了相互拉扯的隧道中。然而，当我勇于面对自己的困难，愿意善用选择来回应当初的承诺时，那么我就能够重新去爱对方，也有机会让自己成长，有机会得到当初期待的幸福。

在婚姻中我们时时刻刻都面对选择，我们选择爱、包容，还是选择保护自己，只照顾自己，或者什么都不做只是杵在那里。不管我们的反应是什么，我们都做了选择，只是选择的结果会有所不同。

著名的神学家汤玛斯说："我对婚姻最快乐、满足的时候……是我刻意去思考及实行如何做个好丈夫的时候，而不是要求一位'更好的妻子'时。"我们常常不知道其实我们经常选择将自己的幸福寄望

汤玛斯说：

我对婚姻最快乐、满足的时候……

是我刻意去思考及实行如何做个好丈夫的时候，而不是要求一位"更好的妻子"时。

在对方能不能做得更好上。这样，我们实际上是将自己的幸福交到别人手上。而一个人可以面对自己的责任且用心做到最好，不管另一个人如何，他会将生命幸福的主导权掌握在自己的手中。

如果对方对自己的伤害太大或太深，可能我们会觉得自己难以负荷，很多人会觉得离婚是最快且能够解决问题的选择。然而，在我个人的工作经验中，我发现很多人婚是离了，痛苦仍在，而且可能更糟。慢慢地，我发现离婚并不是解决婚姻中的失望或伤害的好途径。相反，我看到有些人在婚姻触礁时，仍坚守自己原先的承诺，通过弹性调整，学习成长，甚至是信仰帮助他们度过这些难关。等经历这一切之后，我看到他们的身上释放出的是自信与坚韧的生命力，这样的生命力会散发出更美丽的吸引力。

我们的选择也代表着如何面对这样的生活。

单元重点摘要

一、家庭所要面对的问题是复杂的，我们每一天都会面临不同的压力。压力是否会变成危机会受到下列四个因素的影响。

1. 压力事件，它的大小、预期与非预期都会影响压力的严重程度。

2. 资源，包含个人、家庭与社会支持系统。

3. 认知，个人或家庭对压力的想法与信念会影响其对压力的承受度。

4. 压力时间的长短，压力事件持续的时间，会影响家庭对压力的看法、身心的负荷以及资源的多寡。

二、因为家人关系持续的时间很长，互动很紧密，容易产生压力与冲突。如果没有承诺，我们都会觉得没有安全感去度过这些煎熬的时刻。承诺更多时候是强调自我反思与自我要求。通过这样的根基，我们可以在对家人失望时，彼此有冲突时，重新调整自己的脚步，修复彼此的关系。

三、每个人进入婚姻都会带着三样东西送给对方：第一就是对方很喜欢能接受的特质；第二是对方不喜欢但能忍受的特质；第三就是对方不喜欢也无法接受的特质。你不只要接受对方这三样东西，别忘了，你自己也同样带着这三样东西送给对方。

四、培养和发展家庭韧力，是近年来在探讨家庭的健康程度时大家极其重视的议题。拥有家庭韧力的三个关键因素是：

1. 信念：为逆境创造意义与正向展望是很重要的信念。接纳难以避免的困境，且能正向的展望，积极找出解决的方法。

2. 组织：家庭的组织结构功能影响困境时的调整能力，组织的功能有几个面向：

a. 弹性。采取弹性因应的家庭能更好地跨越困难。

b. 凝聚力。家人关系亲密，面对困难时能迅速联结；彼此目标一致地合作，是面对逆境时的重要韧力。

c. 资源。拥有足够的经济资源与支持系统的家庭在面对困难时能得到及时的协助。

3. 沟通：面对困境时，家人的情绪波动很大。平时良好的沟通能力与沟通方式能创造安全感，让家人整理情绪，面对困难，整顿好自己重新出发。

思 考 花 园

♥ 课程目标

1. 帮助学员思考逆境的正向意义。
2. 强化认识选择与转化的能力。
3. 检视面对婚姻困境的正确选择。

♥ 前　言

在关系的历程中，我是要像溜滑梯般地一路认输，还是要放手一搏，从逆境中找到新的出口呢？关键在于——"自己的选择"。

进入关系后，我们要学习的不只是照顾好自己，也要扩展自己的能力。除了将自己照顾好，还要将身边的人照顾好，这样我们就可以一起快乐同行。当我们进入一种关系却还在怀念独善其身的自由时，我们就进入了矛盾与纠结的隧道中，直到我们学会放下自己，学会分享与合作，学会用心善待身边心爱的人，我们就会穿过隧道，享受关系带来的满足。

一、家庭压力

家庭所要面对的问题是复杂的，我们每一天都会面临不同的压力。压力是否会变成危机会受到下列四个因素的影响。

1. 压力事件。它的大小、预期与非预期都会影响压力的严重程度。

2. 资源。资源包含＿＿＿＿＿＿＿＿＿＿、＿＿＿＿＿＿＿＿＿＿与＿＿＿＿＿＿＿＿系统。

3. 认知。个人或家庭对压力的＿＿＿＿＿＿＿与＿＿＿＿＿＿会影响其对压力的承受度。

4. 压力时间的长短。压力事件＿＿＿＿＿＿＿＿＿＿＿＿＿会影响家庭对压力的看法、身心的负荷以及拥有资源的多寡。

二、当家庭处于逆境时

因为家人关系持续的时间很长，互动很紧密，所以容易产生压力与冲突。如果没有＿＿＿＿＿＿＿，我们都会觉得没有＿＿＿＿＿＿去度过这些煎熬的时刻。承诺更多是在强调＿＿＿＿＿＿＿＿＿＿与＿＿＿＿＿＿＿。通过这样的根基，我们可以在对家人失望时，彼此有冲突时，重新调整自己的脚步，修复彼此的关系。

每个人进入婚姻都会带着三样东西送给对方。

1. 对方＿＿＿＿＿＿＿＿＿＿＿＿＿＿的特质；

2. 对方＿＿＿＿＿＿＿＿＿但＿＿＿＿＿＿＿＿＿的特质；

3. 对方＿＿＿＿＿＿＿＿＿也＿＿＿＿＿＿＿＿＿的特质。

当对方让我失望时

冲突爆发

失望

困难加深

无效解决

婚姻是一个＿＿＿＿＿＿＿，
不能＿＿＿＿＿＿＿！
我们要"相敬如冰"地
过一辈子吗？

三、家庭韧力

拥有家庭韧力的三个关键因素是：

1. 为逆境＿＿＿＿＿＿＿＿＿是很重要的信念。

2. 家庭面对困境时，家庭内的组织结构功能有几个面向：

＿＿＿＿＿＿＿＿＿＿＿＿＿＿＿＿＿。采取弹性因应的家庭能更好地
跨越困难。

＿＿＿＿＿＿＿＿＿＿＿＿＿＿＿＿＿。家人关系亲密面对困难时能彼
此合作。

＿＿＿＿＿＿＿＿＿＿＿＿＿＿＿＿＿。拥有足够的经济资源与支持系

统的家庭在面对困难时能得到及时的协助。

3. 良好的＿＿＿＿＿＿与＿＿＿＿＿＿能创造安全感，让家人可以拥有安全的空间，整理情绪，面对困难，整顿好自己重新出发。

四、逆转胜的秘诀

如何变得幸福快乐？

汤玛斯说：

"我对婚姻最快乐、满足的时候——

是我刻意去＿＿＿＿＿及＿＿＿＿＿如何做个＿＿＿＿＿＿的时候，而不是我要求一位'更好的＿＿＿＿＿'时。"

在婚姻中我们时时刻刻都面对选择，我们选择爱、包容，还是选择保护自己，只照顾自己，或者什么都不做只是杵在那里。不管我们的反应是什么，我们都做了选择，只是选择的结果会有所不同。

活动与反思：

1. 当面对我们的配偶（家人）犯错时，我们真的会觉得走不下去吗？

2. 你觉得你最需要的帮助是什么？什么可以帮助你做正确的选择？

有没有过这样的经验？（请以成功的小事为例）

参考书目

葛琳卡，2007．情绪四重奏——同行生命中的忧怒哀乐
　　[M]．香港：基道出版社．

芙玛，华许，2008．家族再生：逆境中的家庭韧力与疗
　　愈[M]．江美丽，李淑珺，陈厚恺，译．台北：心
　　灵工坊文化事业股份有限公司．

陈校慈，1999．人际冲突与灵命塑造[M]．香港：基
　　道出版社．

戴维·梅士，薇拉·梅士，1986．比翼双飞——夫妻沟
　　通操练指南[M]．台中：天恩出版社．

马修，安德鲁，2008．幸福关系的七段旅程[M]．台
　　北：张老师文化事业股份有限公司．

赵文韬，许皓宜，2012．关系的评估与修复：培养家庭
　　治疗师必看的核心能力[M]．台北：张老师文化事
　　业股份有限公司．

史迈利，盖瑞，等，2005．关系DNA[M]．赵灿华，
　　译．台北：道声出版社．

高曼，丹尼尔，1996．EQ[M]．台北：时报文化出版
　　企业股份有限公司．

巴斯威克，杰克，巴斯威克，朱蒂丝，2010．家庭：从
　　基督教观点探讨当代家庭[M]．台北：中华福音神
　　学院．

克劳德，亨利，2012. 改变带来医治［M］. 台北：中国学园传道会.

高特曼，约翰，迪克勒，乔安妮，2006. 关系疗愈——建立良好家庭、
　　友谊、情感五步骤［M］. 台北：张老师文化事业股份有限公司.

史都华，艾恩，琼丝，凡恩，1999. 人际沟通分析练习法［M］. 易之
　　新，译. 台北：张老师文化事业股份有限公司.

陈皎眉，2013. 人际关系与人际沟通［M］. 台北：双叶书廊.

陈秉华，李素芬，林美珣，2008. 伴侣关系咨商中的自我协调历程初探
　　［J］. 本土心理学研究（29）：117-182.

利翠珊，1995. 夫妻互动历程之探讨：以台北地区年轻夫妻为例的一项
　　初探性研究［J］. 本土心理学研究（4）：260-321.

Sherod Miller, Phyllis Miller, Elam W. Nunnally, Damiel B. Wackman，
　　1992. 琴瑟和鸣——倾听与表达的艺术［M］. 台中：天恩出版社.

Patrick C. McKenry, Sharon J. Price，2004. 家庭压力［M］. 台北：五
　　南图书出版股份有限公司.